사랑하시는 자를 향한 하나님의 선물

고난을 주시는 하나님

When God's Children Suffer
By Horatius Bonar

스코틀랜드 P&R 시리즈는 칼빈의 종교개혁에 이어 1560년 존 낙스(John Knox)가 주도한 스코틀랜드 종교 개혁과 그 신앙을 면면히 계승한 언약도, 그리고 자유교회를 지향한 탁월한 신학자 등 영적 위인들의 명저를 소개합니다. 존 낙스, 사무엘 루터포드(Samuel Rutherford), 윌리엄 거스리(William Guthrie), 로버트 트레일(Robert Traill), 토마스 보스톤(Thomas Boston), 토마스 찰머스(Thomas Chalmers), 제임스 배너만(James Bannerman), 존 던컨(John Duncan), 로버트 맥체인(Robert McCheyne), 앤드류 보나르(Andrew Bonar), 호라티우스 보나르(Horatius Bonar), 휴 마틴(Hugh Martin) 등 일일이 열거하기 힘들 만큼 많은 영적 위인들이 스코틀랜드 개혁 신앙의 맥을 이어왔습니다. 오늘날 대중에게 알려지지 않은 것이 안타까울 만큼 신학적으로나 신앙적으로 너무나 탁월하고도 경건한 글들을 접함으로써 조국 교회 사역자들과 성도들이 천상의 잔치상에 참여하게 되기를 소망합니다.

고난을 주시는 하나님

When God's Children Suffer

호라티우스 보나르 지음 황의무 옮김

지평서원

When God's Children Suffer

차 례
Contents

추천의 글   6
지은이 머리말   10

PART 1 하나님의 가족 The Family of God

1 하나님의 가족이란   19
2 가족의 삶   33
3 가족의 특징   43

PART 2 고통당하는 자녀들 Children Suffer

4 가족의 연단   55
5 가족에 대한 징계   77
6 고난당하는 교회에 대한 비유   90

PART 3 고난의 목적 Purpose of Suffering

7 자신에 대한 내적 성찰	99
8 책망	109
9 성결	119
10 각성	130
11 진지함의 회복	140
12 경고성 징계	149

PART 4 고난의 유익과 위로 Father of Comfort

13 징계에 대한 기억과 회상	165
14 하늘로부터 내려오는 위로	172
15 영원한 안식과 영광	185

추천의 글

하나님의 사랑의 방식, 그리고 변화

윤종훈 교수

    이 책은, 19세기 스코틀랜드 청교도들의 삶의 신학과 신앙에 큰 감동을 많이 받고 성장하였던 호라티우스 보나르(Horatius Bonar, 1808-1887)가 쓴 책으로, 뛰어난 감화력을 지닌 감동적인 내용을 담고 있습니다.

    보나르는 우리의 영혼을 수놓는 수많은 찬양의 시들을 작사하여 진정한 그리스도인의 삶의 여정을 아름다운 필치를 통해 표현함으로써 오늘날 우리에게 잔잔한 감동을 전달해 주고 있습니다.

    특히 이 책은 하나님의 자녀로 거듭남을 체험하고 살아가는 그리스도인들이 이 땅 위에서 당하는 고난과 역경을 어떤 시각에서 바라보아야 하는지, 그리고 그 해결책은 무엇인지에 대하여 마치 한 폭의 그림처럼 매우 세밀하게 그려 주고 있습니다.

한가족 – 그 특권과 의무와 영광!

보나르는 모든 그리스도인들을 한가족으로 묘사하면서 그 가족이 믿음이라는 든든한 끈으로 하나가 되었음을 선언합니다. 그리고 이 믿음이 이 세상의 수많은 고난이나 연단과 같은 삶의 험난한 질곡을 지날 때 승리할 수 있는 유일무이한 무기이며 영원한 수단임을 논증합니다. 또한 마지막에 이 세상을 떠나서 영원히 거하게 될 안식처에도 이 믿음을 통해 들어가서 안식을 누리게 될 것임을 강조합니다.

그는 또한 한가족으로 부르심을 입은 확실한 증거로서 '십자가를 지는 삶'을 제시합니다. 이 십자가는 먼저 주님께서 지셨던 것이기에 모든 그리스도인들은 이 십자가를 자랑하며 즐거워해야 하는 것입니다.

하나님은 때때로 이러한 한가족의 일원인 그리스도인들에게 연단과 징계를 내리셔서 아직 다듬어지지 않은 연약한 부분을 새롭게 하십니다. 이는 사랑의 연단이요 지혜의 연단이며 신실하심과 능력의 연단의 과정입니다. 비록 하나님의 은혜로 그리스도인이 되었지만 아직도 우리의 자아 속에는 하나님의 크신 경륜을 거스르는 악한 생각과 교만과 질투심이 있기 때문에, 하나님은 다양한 도구들을 통해 새로운 아담과 하와의 모습으로 우리를 가꾸어 가십니다.

하나님의 사랑의 도구들 – 연단과 징계

보나르는 하나님의 연단과 징계의 시간이 너무나 고귀하고도 소중한 순간들임을 기억해야 한다는 것을 성경 곳곳의 예화들을 통하여 논증하고 있습니다. 그리고 하나님이 깊증하심과 책망하심, 성결하게 하심과 각성하게 하심 등 다양한 방법들을 동원하여 자기 백성들을 가꾸어 가고 계심을 아름다운 필치로 그리고 있습니다.

성경에 등장하는 수많은 믿음의 선진들, 즉 아브라함, 모세, 요셉, 다윗, 엘리야, 에스겔, 베드로, 요한 등은 바로 이러한 하나님의 방식을 통하여 훌륭한 하나님의 사람들로 변화되어 놀라운 역사의 주인공이 되었던 것입니다.

하나님은 단련과 체질과 가지치기와 연마의 과정들을 도입하셔서 자신의 백성들을 '거룩한 신적 성품에 참여'하도록 이끌어 주십니다(벧후 1:4). 그리하여 마침내 그들은 이전에 맛보지 못하고 상상하지 못했던 놀라운 하나님의 크신 경륜과 사랑의 깊이와 높이와 넓이와 길이가 얼마나 광대하신지에 대하여 영혼 깊은 곳에서부터 깨닫게 될 것입니다.

'하나님의 사랑의 방식'을 철저하게 경험하십시오!

제가 이 책을 추천하는 가장 큰 이유는, 청교도의 신앙과 사상을 경험한 호라티우스 보나르의 '그리스도인의 고난'에 관한 이 책이 복음에 대한 열정과 헌신의 모습이 냉랭하고 싸늘하게 식어가는 이 시대를 새롭게 일깨우는 역할을 할 줄로 확신하기 때문입니다.

교회 성장 위주로, 값싼 은총론으로, 인기 몰이 식 설교집으로 가득 찬 이 시대에 새로운 경종을 울리고 진정한 복음의 능력을 역동적으로 보여 주는, 이 시대를 향한 외침이 바로 이 책 속에 들어 있습니다.

여러분이 이 시대에 진정한 그리스도인이 되기를 원하신다면, 청교도들의 순교자적인 삶의 여정 속에 녹아 있는 진정한 설교와 말씀의 추출물들을 지평서원의 서적들을 통해 발견하시기를 바랍니다. 지평서원은 오직 청교도들이 목숨보다 더 소중하게 지켜 왔던 복음의 순수성과 본질을 모든 그리스도인들에게 소개하고 해결책을 얻도록 하기 위해 세워진 이 시대의 양심의 소리입니다.

한국 교회의 미래는 오직 청교도들의 외침과 그들의 고백의 소리에 귀 기울일 때에 비로소 가능할 것입니다. 주님이 오시는 그 순간까지 청교도들의 가르침과 그들이 전한 복음에 푹 젖어서 살아간다면, 풍요로움과 거룩하심과 평강으로 인도하시는 주님의 축복을 받아 누리리라고 확신하는 바입니다.

윤종훈(尹鍾訓) 교수는 총신대학교(B.A)와 총신대 신학대학원(M.Div), 총신대 일반대학원(Th.M)을 졸업한 후, 250년의 역사를 자랑하는 영국 University of Wales, Lampeter에서 영국 부흥 운동의 최고 권위자인 Eifion Evans 교수의 지도 아래 청교도 신학을 전공하였으며, 특히 청교도 신학의 황태자로 불리는 존 오웬(John Owen)의 성화론(Sanctification)으로 박사 학위(M.Phil. Ph.D)를 취득하였습니다. 그리고 현재 총신대학교 신학과 역사신학 교수로 재직하고 있으며, 최근 논문인 「존 오웬의 죄죽임론(죄억제론)에 나타난 성화론의 은혜와 의무의 상관관계에 대한 개혁주의적 이해」를 위시하여 수많은 논문들을 학계에 발표하였습니다.

지은이 머리말

고난 속에 나타난 하나님의 사랑

호라티우스 보나르(Horatius Bonar)

"주께서 그 사랑하시는 자를 징계하시고 그가 받아들이시는 아들마다 채찍질하심이라 하였으니"(히 12:6).

'하나님의 가족(Family of God)'을 위한 책을 쓴다는 것은 결코 쉬운 일이 아닙니다. 그러나 이 책에 나타난 고난에 관한 사상은 모두 그들을 위한 것입니다.

우리 앞에 놓여 있는 길은 너무나 험하며, 사막의 바람은 매섭습니다. 그러하기에 이 책은 고난의 사람(Man of sorrows)이신 주님의 형제들에게 많은 유익이 될 것입니다. 우리 가운데 인생 여정의 구비마다 도사리고 있는 고난을 제외하고 자신의 삶에 대해 말할 수 있는 자가 누가 있겠습니까?

그러므로 우리는 이러한 사실을 알고 언제라도 고난에 맞설 수 있도록 대비를 해야 할 것입니다. 아울러 모든 삶의 고비마다 하나님의 나라로 이끄시는 은혜의 손길을 굳게 붙잡고, 슬플 때나 기쁠 때나 분주할 때나 홀로 남아 고독할 때에도 한결같이 온유하고 애정 어린 눈길로 우리를 주시하시는 그분의 인도하심을 바라보아야 할 것입니다.

이 책은 바로 이러한 하나님의 가족을 위한 책이며, 단순히 그들의 호기심을 만족시키는 데 머물지 않고 그들이 안고 있는 문제에 대한 해결의 장을 제공할 것입니다. 또한 그들은 이 책을 통해 낯선 자의 음성이 아니라 형제의 음성을 듣게 될 것입니다.

"나 요한은 너희 형제요, 예수의 환난과 나라와 참음에 동참하는 자라"(계 1:9).

왜냐하면 이 땅에서 고난당하는 형제의 음성은 본능적으로 감지할 수 있을 만큼 독특하기 때문입니다.

흔히 아랍인의 국민성이 구슬프다고 말합니다. 마치 황량한 사막의 정서를 반영하기라도 하듯이 그들 중 대부분은 침울하고도 슬픈 분위기에 젖어 있습니다. 이러한 분위기는 광야와 같은 이 땅을 지나는 천국의 자녀들에게서도 어느 정도 찾아볼 수 있습니다. 그들의 음성은 낮고 조용하며 부드럽습니다. 그러면서도 그들의 슬픔 속에서는 후회나 고통의 흔적을 찾을 수 없으며, 그들의 애가(哀歌)는 어딘가 부드러운 어조를 띠고 있습니다.

사실 그것은 죄 사함을 받은 자의 심령에서 우러나오는 기쁨의 음성입니다. 그러나 그 기쁨은 여전히 눈물을 머금고 있으며 차분하고도 진지합니다. 버림받은 주님을 따르는 자라는 독특한 운명과, 멸망을 향해 달려가고 있는 세상이라는 독특한 환경으로 인해 그들의 외형이나 음성 모두에 있어서 한층 깊고도 진지한 엄숙함이 배어 있습니다. 그러하기에 형제간에는 가족의 모습이나 음성을 인식할 수 있는 본능적인 직감이 있습니다.

이 책은 이들 가족 모두가 관심을 가지고 있는 공통적인 가족 문제를 다룹니다. '믿음의 가족'이 가지고 있는 관심사 가운데 고통과 슬픔에 대한 문제는 결코 작은 문제가 아닙니다. 그것은 모든 사람에게 해당되며, 어느 누구도 다른 사람의 고통이나 그들의 짐을 함께 지는 일에서 자유롭지 못합니다.

이 책에 기록된 내용은 실제로 고난을 당하고 있든 그렇지 않든 모든 사람에게 필요하지만, 특히 '여러 가지 시험으로 인하여 힘들어하며' 하나님의 연단과 훈계로 인해 '어려운 짐을 허리에 매고 불과 물을 통과하고 있는 자들'(시 66:11,12 참고)을 위한 것입니다.

상한 갈대는 꺾일 수 없으며 꺼져 가는 심지도 꺼뜨려질 수 없습니다. 그러므로 피곤한 손과 연약한 무릎은 일으켜 세움을 얻고, 저는 다리는 어그러지지 않도록 고침을 받아야 합니다(히 12:12,13 참고).

우리가 바라는 것은 주님의 이름으로 성도들을 위로하고 권면하는 것입니다. 우리는 그들의 짐을 함께 지고 그들의 상처를 싸매며 그들의 눈물을 최대한 씻어 줄 수 있는 방법을 강구할 것입니다.

슬퍼하는 자를 위로하는 것은 비단 "너희가 짐을 서로 지라. 그리하여 그리스도의 법을 성취하라"(갈 6:2)라는 명령에 대한 순종만은 아닙니다. 그것은 이 땅에서 고난당하고 있는 성도들을 찾아와 위로하시는 예수님의 사역에 동참하는 것이며, 동시에 고난 중에 있는 교회를 위로하시는 보혜사 성령의 동역자가 되는 것입니다.

세상은 이러한 일에 대해 거의 알지 못합니다. 그들은 성도의 슬픔이나 기쁨에 대해 아무런 위로가 되지 못합니다. 가정에서 일어나는 일, 특히 가족이 당하는 슬픔은 외부 사람이 참견할 수 있는 일이 아닙니다. 남의 집안일에 개입하는 것은 주제넘은 일이기 때문입니다.

울타리 밖에 머무르고 있는 한, 가정 내에서 일어나는 일을 어떻게 이해할 수 있겠습니까? 그들은 먼저 안으로 들어와 한 아버지의 보호를 받는 가족의 일원이 되어야 할 것입니다. 왜 들어오지 못합니까? 문은 밤낮 열려 있습니다. 언제든지 들어오기만 하면 따뜻하고도 진심 어린 환영을 받을 것입니다.

온갖 고통과 슬픔으로 가득한 세상은 성도들에게서 멀리 떨어져 있으며 그들을 위로할 수 없습니다. 그들은 슬픔을 당해도 위로할 자가 없고, 상처를 입어도 치유할 자가 없으며, 힘들어 지쳐도 안식할 곳이 없습니다. 이것이 바로 세상이 처해 있는 냉엄한 현실입니다.

그러나 그것은 세상이 자초한 일입니다. 하나님이 그렇게 만드신 것이 아니라 그들 스스로 선택한 것입니다. 하나님은 그들에게 세상을 등지고 돌아오라고 초청하십니다. 아니, 애타게 호소하십니다.

그런데 그들은 죄로 말미암아 비참한 상태에 빠져 있으면서도 하나님과의 교제를 싫어하고, 오히려 그분을 대적하고 그분을 두려워합니다. 그러나 하나님은 계속해서 그들에게 호소하십니다. 결코 그들을 버려두지 않으십니다. 그들을 에워싸고 있는 '많은 슬픔'은 그들의 굳게 닫힌 마음을 끊임없이 두드리시는 은혜의 메시지입니다.

하나님은, 해 아래에서 일어나는 모든 일이 '헛되며' 세상의 낙은 '바람을 잡는 것과 같고 번뇌를 가져올 뿐' 이기 때문에 이러한 것들을 의지하지 말라고 말씀하십니다.[1] 그러면서 사람들이 이와 같이 헛된 것들에 실망을 느끼고 땅에서 눈을 들어 하늘 너머 그분의 보좌 우편에 있는 영원한 복을 바라보도록 하기 위해 지극히 자비로운 방법을 사용하십니다.

때로는 다소 가혹한 듯 보이지만, 세상의 모든 즐거움을 버리고 자신과의 영원한 교제를 누리도록 이끄시기 위해 하나님이 사용하는 자비로운 방법이란 어떤 것입니까? 하나님의 긍휼하심은 과연 어떤 방식으로 그들의 잘못된 집착에 개입하여 그들이 그것에서 벗어나 세상을 등지고 훨씬 아름다운 하나님과의 복된 관계로 들어가게 하십니까? 하나님은 어떤 온유하심으로 그들이 혈육과 친지를 뒤로하고, 보다 귀하고 영원한 하나님과의 관계로 들어가게 하십니까?

그들로 하여금 세상의 부귀영화를 포기하고 세속적 권력과 권세에 대한 욕심을 버리게 하며 하늘의 보화와 함께 그의 아들의 나라에서 '왕 같은 제사장'이 되게 하는 자비하심이란 과연 어떤 것입니까?

하나님은 어떠한 사랑으로 그들이 그토록 염원하는 세상의 명예와 출세를 버리게 하며, 사람에게서 영광을 얻는 것이 헛되다는 사실을

---

1. 전 1:14 내가 해 아래에서 행하는 모든 일을 보았노라. 보라, 모두 다 헛되어 바람을 잡으려는 것이로다.

알려 주고 하나님으로부터 오는 영광을 소망하게 하며, 자신의 은총을 입는 것이 생명이요 자신의 얼굴빛만이 하늘의 빛임을 깨닫게 하십니까?

오, 절망에 지친 세상이여, 이러한 은혜의 교훈을 깨달을지어다! 참으로 하나님의 선하심을 맛보고 알지어다!

그들은 반드시 하나님께로 돌아와야 합니다. 하나님은 결코 그들을 조롱하거나 멸시하지 않으실 것이며, 쥐엄 열매로 배불리지도 않으실 것입니다. 그분은 그들이 겪는 고통의 밤을 정오의 빛으로 바꾸실 것입니다. 재 대신 화관을, 슬픔 대신 기쁨의 기름을, 근심 대신 찬송의 옷을 주심으로써 여호와의 심으신 바 의의 나무라 일컬음을 얻게 하실 것입니다.

불신자는 이러한 하나님의 조치에 대해 대수롭지 않게 생각할지도 모릅니다. 그러나 '하나님의 자녀'는 결코 그분의 징계를 경히 여기거나 그분의 꾸지람에 낙담해서는 안 되며, 오히려 하나님을 알기 때문에 적어도 왜 그분이 그렇게 행하시는지를 깨달아야 합니다. 세상은 그분의 책망에 대해 오해할 수도 있고 나쁜 쪽으로 해석할 수도 있습니다. 그러나 하나님의 자녀는 '하나님은 사랑' 이시라는 사실을 알기 때문에 그렇게 할 수 없습니다.

그러므로 이 책은 그들이 하나님께서 자신을 그렇게 대하시는 이유를 깨닫고 올바로 해석하여 고난 가운데서 위로를 받을 뿐 아니라 그것을 통해 유익을 얻도록 도와주기 위해 기록되었습니다. 저로서는 할 수 있는 한 최선을 다하였습니다. 간절히 바라기는 이 책이 믿음의 가정의 머리가 되시는 하나님의 뜻에 합하여 원근각처에 흩어져 있는 자녀들에게 그분의 크신 복과 함께 전해지는 것입니다.

하나님은 지금 그들에게 이러한 내용이 필요하다는 사실과, 혹 지금은 시기상조일지라도 조만간 더욱 필요하게 될 것이라는 사실을 알고 계십니다. 그때가 오면 이 작은 책이 큰 도움이 될 것입니다.

이 책의 내용은 완벽하지 않으며 결점도 많이 있습니다. 또한 고난에 관한 교훈을 처음 배우는 사람들에게는 그다지 중요하게 여겨지지 않는 내용도 있을 것입니다. 다만 이 책은, 시련을 통해 유익을 얻기를 바라고, 고난이 그저 스쳐 지나가는 것이 아니라 바위가 비바람을 통해 더욱 굳어지는 것처럼 어떠한 고난에 처할지라도 나를 누구보다 잘 알고 계시는 하나님께로 나아가기를 바라지만, 아직도 그분을 잘 안다고 고백할 수 없는 한 사람에 의해 기록되었음을 밝힙니다.

주께서 그 사랑하시는 자를 징계하시고
그가 받아들이시는 아들마다 채찍질하심이라 하였으니
히브리서 12장 6절

PART 1

하나님의 가족

- ▶ 하나님의 가족이란
- ▶ 가족의 삶
- ▶ 가족의 특징

CHAPTER 01

하나님의 가족이란

　하나님은 처음부터 자기 백성을 죄악 된 세상에서 구속하실 뿐만 아니라 그들과 특별한 관계를 맺고자 하셨습니다. 그분의 목적은 그들을 어떤 피조물보다 더 가까이 다가오게 하여 그들과 가장 친밀하고도 특별한 관계를 형성하는 것이었습니다. 말씀이 육신이 되신 것도 바로 이러한 목적 때문입니다.

　"이는 확실히 천사들을 붙들어 주려 하심이 아니요, 오직 아브라함의 자손을 붙들어 주려 하심이라"(히 2:16).

　"자녀들은 혈과 육에 속하였으매, 그도 또한 같은 모양으로 혈과 육을 함께 지니심은"(히 2:14).

　그리하여 하나님과 우리 사이에는 전혀 새로운 관계가 형성되었습니다. 이것은 지금까지 가능할 것이라고는 상상조차 할 수 없는 일이었습니다. 이러한 연합으로 인하여 기존의 피조 세계의 질서가 완전히 와해된 것이 아니라 오히려 더욱 친밀하고도 고귀한 동질의 연합이 형성되었습니다.

"거룩하게 하시는 이와 거룩하게 함을 입은 자들이 다 한 근원에서 난지라. 그러므로 형제라 부르시기를 부끄러워하지 아니하시고"(히 2:11).

예수님은 우리를 형제라고 부르셨으며, 우리는 그분을 형(brother)이라고 부르게 되었습니다. 그분은 우리의 비천한 인성을 입으시고 뼈 중의 뼈요 살 중의 살이 되셨으며, 우리는 '하나님의 자녀'로서 신의 성품에 참여하여 그리스도의 살과 뼈를 나누는 몸의 한 지체가 된 것입니다. 이와 같이 성도는 하나님의 아들의 가장 가까운 혈육이 되었습니다.

이러한 친밀함은 곧 성부 하나님과의 친밀함을 의미합니다. 예수께서는 "나와 아버지는 하나이니라"(요 10:30), "내가 아버지 안에 거하고 아버지는 내 안에 계신 것을 네가 믿지 아니하느냐?"(요 14:10)라고 말씀하십니다. 이제 새로운 가족 관계가 형성되고 하나님의 본래 목적이 성취된 것입니다.

"영접하는 자, 곧 그 이름을 믿는 자들에게는 하나님의 자녀가 되는 권세를 주셨으니, 이는 혈통으로나 육정으로나 사람의 뜻으로 나지 아니하고 오직 하나님께로부터 난 자들이니라"(요 1:12,13).

"보라, 아버지께서 어떠한 사랑을 우리에게 베푸사 하나님의 자녀라 일컬음을 받게 하셨는가"(요일 3:1).

우리는 만물의 으뜸가는 지위에 오르게 되었으며, 성부 하나님의 사랑을 받는 핵심층, 즉 '만물 안에서 만물을 충만하게 하시는 이의 충만함'(엡 1:23) 속으로 들어가게 되었습니다. 그리스도의 몸이자 지체의 한 부분으로서 천사보다 더 가까이 그분의 보좌 곁으로 다가가게 된 것입니다.

이러한 새로운 관계를 통해 우리는 우리 주 예수 그리스도의 아버지이신 하나님과 '그의 아버지는 우리의 아버지, 그의 하나님은 우리의 하나님'이라는 한가족으로서의 유대감을 가지게 되었습니다.

하나님은 특히 '가족'이라는 이름을 기뻐하십니다. 구속함을 받은 자들은 여러 가지 이름을 가집니다. 즉, 우리는 그분의 선민이요 백성이며, 그분의 양 떼이자 기업입니다. 그러나 그분이 가장 즐겨 사용하시는 호칭은 '가족'입니다. 하나님은 마치 자신의 장자를 대하는 것처럼 우리를 자녀로서 대하시며 사랑으로 품으시고 기뻐하시며 바라보십니다.

그렇다면 우리는 하나님의 가족에 대해 더욱 세밀히 살펴보고, 하나님의 말씀을 통해 그들이 누구이며 어떤 사람들인지에 대해 알아야 할 것입니다.

그들도 원래 다른 사람들과 마찬가지로 본질상 진노의 자식이었고, 지금까지도 본질적인 면에서 세상 사람들과 아무런 차이가 없습니다. 그러나 그들은 '창세전에 그리스도 안에서 택하심을 받아'(엡 1:4 참고) 하나님의 영원한 선민이 되었습니다. 이것이 그들의 진정한 기원이자 그들에게 부여된 최상의 영광이었습니다. 그들은 '그 기쁘신 뜻대로 예정함을 입어 예수 그리스도로 말미암아 그의 자녀가 된'(엡 1:5 참고) 것입니다.

하나님은 그리스도를 죽은 자들 가운데서 다시 살리신 지극히 크신 능력으로써 허물과 죄로 죽었던 그들을 그리스도와 함께 살리셨습니다.[1] 그리고 그들은 이러한 은혜에 의하여 믿음으로 말미암아 하나님의 선물인 구원을 받았습니다.[2]

이제 그들은 하나님의 아들의 죽으심을 통해 하나님과 더불어 화목하게 되었으며, 아버지 하나님의 뜻을 따라 이 악한 세대로부터 구원을 받았습니다.[3] 예수님의 보혈로 씻음을 받고 그분의 이름을 믿어 의롭다함을 받은 것입니다.

그들이 헛된 행실에서 대속함을 받은 것은 은이나 금같이 썩어 없어지는 것이 아니라 흠 없고 점 없는 어린양 같은 그리스도의 보배로운 피로 인함입니다. 그분은 실로 창세전에 미리 알린 바 되신 이나 이 말세에 그들을 위해 나타내신 바 되었습니다.[4]

---

1. 엡 1:19,20 그의 힘의 위력으로 역사하심을 따라 믿는 우리에게 베푸신 능력의 지극히 크심이 어떠한 것을 너희로 알게 하시기를 구하노라. 그의 능력이 그리스도 안에서 역사하사 죽은 자들 가운데서 다시 살리시고 하늘에서 자기의 오른편에 앉히사.
2. 엡 2:8 너희는 그 은혜에 의하여 믿음으로 말미암아 구원을 받았으니 이것은 너희에게서 난 것이 아니요 하나님의 선물이라.
3. 롬 5:10 곧 우리가 원수 되었을 때에 그의 아들의 죽으심으로 말미암아 하나님과 화목하게 되었은즉 화목하게 된 자로서는 더욱 그의 살아나심으로 말미암아 구원을 받을 것이니라.
 갈 1:4 그리스도께서 하나님 곧 우리 아버지의 뜻을 따라 이 악한 세대에서 우리를 건지시려고 우리 죄를 대속하기 위하여 자기 몸을 주셨으니.
4. 벧전 1:18-20 너희가 알거니와 너희 조상이 물려준 헛된 행실에서 대속함을 받은 것은 은이나 금같이 없어질 것으로 된 것이 아니요, 오직 흠 없고 점 없는 어린양 같은 그리스도의 보배로운 피로 된 것이니라. 그는 창세전부터 미리 알린 바 되신 이나 이 말세에 너희를 위하여 나타내신 바 되었으니.

그리하여 이제 그들은 하나님의 후사요 그리스도와 함께한 후사이며, 하나님을 위한 나라와 제사장이 되었고, 장차 회복될 세상을 그리스도와 함께 영원히 다스릴 것입니다.

이것이 바로 하나님의 가족입니다. 그들은 영원전에 확실히 고귀한 신분으로 태어났습니다. 또한 그들은 하늘의 왕족에 속한 자들로서, 그들의 혈통은 만왕의 왕으로부터 시작됩니다. 그러하기에 지금은 비록 비천한 상태에 있을지라도 그들은 장차 지금껏 듣고 본 그 어떤 것보다 영광스럽고도 빛난 미래를 맞이할 것입니다.

"사랑하는 자들아, 우리가 지금은 하나님의 자녀라. 장래에 어떻게 될지는 아직 나타나지 아니하였으나, 그가 나타나시면 우리가 그와 같을 줄을 아는 것은 그의 참모습 그대로 볼 것이기 때문이니"(요일 3:2).

그러나 이와 같이 구원받은 가족에 대한 영광으로 가득한 묘사와는 달리 하나님의 가족이 되기 위한 '단순 조건(simple condition)'은 더욱 심도 있는 주의를 요합니다. 가정을 이루거나 한가족의 구성원이 되는 것은 외형적 조건이 아니라 그곳에서 살아 숨쉬고 있는 사랑의 맥박에 의한 것이기 때문입니다.

세속적인 부요나 빈곤은 가정이라고 하는 '하나로 결속된 마음'이 지닌 본질적인 특성을 바꾸지는 못합니다. 맑고 푸른 하늘이나 햇볕도 이들의 끈끈한 유대를 끊지 못하며, 서로 사랑하고 함께 기뻐하며 즐거워하는 그들의 관계를 결코 막지 못합니다.

곤고한 날이나 시련의 비바람 역시 그들을 갈라놓을 수 없으며, 설사 갈라놓을지라도 서로에 대한 사랑이 더욱 깊어지고 그 결속이 한층 친밀해질 뿐입니다.

구속함을 받은 자들의 가족은 이와 같습니다. 그들에게 가족이라는 호칭을 부여하는 것은 외적 환경이나 장래성이 아닙니다. 그것은 그러한 것들보다 훨씬 부드럽고도 심오한 어떤 것입니다. 즉, 그것은 위에 계신 하나님의 무한한 사랑의 품에서 내려와 모든 지체 가운데 고동치고 있는 천상의 맥박이며, 그들을 오늘날과 같은 가족의 일원이 되게 하는 직접적인 동인입니다. 그러하기에 하나님께서 우리를 기뻐 바라보시며, 우리에게 가족이라는 이름을 주신 것입니다.

'가족'이라는 말은 이 세상에서도 신성한 단어로 통합니다. 이 단어 속에는 극도로 악한 사람이 아니라면 누구나 느낄 수 있는 성스러운 분위기가 담겨 있습니다. 한 세속 시인은 이것을 다음과 같이 표현하였습니다.

"어머니의 험악한 저주에
누군들 견딜 수 있을까마는
그래도 당신은 여전히 어머니,
살아 숨쉬는 가장 신성한 존재."[5]

물론 이 구절에 담긴 정서를 그대로 받아들인다는 말은 아닙니다.

---

5. 역자주 – 사무엘 테일러 콜리지(Samuel Taylor Coleridge)의 'The Three Graves'의 한 부분입니다.

본문에 사용된 어휘는 지나치게 강합니다. 그럼에도 불구하고 이 시는 세상 사람들이 가족이라는 유대를 얼마나 끈끈하고도 신성한 것으로 느끼고 있는지를 잘 보여 줍니다.

또한 이 구절에는 상당한 진리가 담겨 있거나 적어도 함축되어 있다고 할 수 있습니다. 그것은 바로 세상의 그 어떤 집단도 가정에 비할 수 없다는 것입니다. 가정은 인간이 가장 소중히 여기고 기뻐하는 모든 것을 가지고 있습니다.

가정은 인간의 모든 애정이 교차되며 상호 작용이 발생하는 장소이자 그들을 하나로 녹여 내는 자유와 기쁨의 도가니입니다. 가족이라는 단어 외에, 금광처럼 마음속 깊이 숨어 있는 여러 가지 소중한 기억이나 아련한 추억을 불러 일으키는 수많은 연상들을 모두 담고 있는 단어를 찾아보기는 어렵습니다.

또한 가정은 인간 존재의 중심, 즉 마음의 가장 깊은 좌소에 호소합니다. 이 한 단어 속에는 달콤하고도 부드럽고 온유하며 진실한 모든 것이 축약되어 있습니다. 그것은 일회적인 상호 관계나 유대가 아니라 가족 간의 다양한 상호 작용이나 결속과 연결됩니다.

함께했던 주거 공간, 난롯가, 식탁, 그들의 습관과 음성, 기념이 될 만한 추억, 친밀한 인사와 노래, 기쁨과 슬픔 등의 온갖 추억이 이 한 단어 속에 담겨 있습니다. 이러한 것들이 없는 세상은 마치 앙상한 뼈만 이리저리 흩어져 있는 공동묘지와 같을 것이며, 인간은 수많은 모래 알갱이나 기껏해야 바람에 찢겨 휘날리는 꽃잎 조각과 같은 신세가 되고 말 것입니다.

'가족'이라는 한 단어 속에는 인간관계의 모든 아름다움과 인간의 감정이나 정서에 나타나는 모든 부드러움, 사람들 사이의 교제에서 찾아볼 수 있는 모든 친밀함, 그리고 마음속 깊은 곳의 감정에서부터 겉으로 드러나는 감정에 이르기까지 심리적 흐름에 나타나는 사랑스럽고도 소중한 모든 것들이 담겨 있습니다.

긴밀한 유대감과 변치 않는 신실한 사랑, 끝없는 연민과 자비, 시련과 위기를 헤쳐 나가는 인내와 같은 것들을 이 땅의 가족에 관한 이야기 외에 달리 어디에서 찾아볼 수 있겠습니까? 부부간의 사랑, 부모의 사랑, 자식의 사랑, 형제간의 사랑, 자매간의 사랑은 모두 가족에 관한 이야기 속에 담겨 있습니다. 가정으로 흘러 들어가거나 그곳에서 분출되는 수많은 감정의 흐름은 이 땅을 더욱 풍요롭고도 즐겁게 합니다.

그러므로 우리는 이 단어가 교회를 일컫는 고유한 명칭 가운데 하나로 사용된다는 사실에 대해 조금도 의아해할 필요가 없습니다. 하나님은 이렇게 불리는 선민 가운데 거하기를 기뻐하십니다. '하나님의 가족(The family of God)'이 바로 교회의 이름입니다.

하나님은 이와 같은 방식으로 교회 중에 거하시면서 그들을 보호하고 지키십니다. 그분은 자비롭고 엄격하며 사랑이 풍성하신 아버지로서 자녀들과 함께 거하시면서 그들을 돌보고, 사랑과 지혜로 모든 집안일을 다스리십니다.

하나님의 마음은 언제나 그곳에 계십니다! 그분의 마음이 특별히 머무시는 곳이 바로 그분의 교회인 것입니다. 하나님은 그곳에서 다른 피조 세계에서는 찾아볼 수 없는 방식으로 자신의 마음을 여십니다.

그래서 교회를 통해 드러나는 그분의 마음은 다른 곳에서는 볼 수 없는 다양한 충만함으로 가득합니다.

햇빛이 무지개의 일곱 빛깔로 나타나듯이 애정이나 사랑이 다양한 빛으로 분산되어 퍼져 나갈 수 있는 유일한 곳이 바로 가정입니다. 그곳에서 지금까지 감추어진 온갖 아름다운 색상이 풍성하게 드러날 것입니다.

이와 같이 하나님의 사랑이 그 강도나 다양성에 있어서 풍성하고도 온전하게 드러나는 유일한 곳이 바로 교회입니다. 이곳에서는 모든 종류의 사랑을 발견할 수 있습니다. 하나님과 성도, 그리고 성도 상호 간에는 마치 새로운 사랑의 힘과 사랑할 대상이 주어진 것처럼 풍성한 사랑의 공간이 있습니다.

물론 이 이름 외에도 성도를 지칭하는 이름은 많습니다. 그러나 가족이라는 이름이 의도하는 바를 온전히 함축하고 있는 이름은 또 없습니다.

예를 들어, 하나님은 우리를 종종 자신의 '양 떼'라고 부르십니다. 이 이름은 하나님이 우리를 지켜 주시며, 우리는 의지할 데 없는 무력한 자라는 것을 나타냅니다. 또한 하나님은 우리를 '포도나무'라고 부르기도 하십니다. 이것은 하나님과 우리의 하나 됨과 함께 원줄기로부터 양분이 쉬지 않고 공급된다는 사실을 강조합니다.

마찬가지로 '성전(temple)'이라는 이름은 구조적 조화, 설계의 균형, 형식의 아름다움, 그리고 무엇보다 여호와께서 거하시는 곳으로서 그에게 예배하는 장소라는 의미를 담고 있습니다. '몸(body)'은 공동체

내에서 각자에게 주어진 역할과 지체간의 신비적 연합과 생명체 의식, 그리고 친밀한 결속력과 상호 간의 유기적인 조화의 협력 관계에 초점을 맞추고 있습니다.

'성읍(city)'은 시민으로서의 특권과 권리, 질서 있는 통치가 시행되는 행복한 공동체를 보여 주며, 안전과 평안과 풍성함을 누리는 가운데서 이웃 간에 즐거운 교제를 나누며 사랑으로 봉사하는 아름답고도 평온한 모습을 나타냅니다. 그리고 '나라(kingdom)'라는 이름은 성도가 기업으로 받은 것들, 왕권과 영광과 통치, 그들의 고귀한 신분을 보여 줍니다.

그러나 우리가 잘 알고 있는 이러한 이름들이 다양하고도 풍성한 의미를 지니고 있음에도 불구하고 무엇인가 부족하다는 느낌을 지울 수 없습니다. 다시 말하면 이것들은 각각의 이름에 나타나는 외형적 특성에만 초점을 맞춘 단편적인 설명이라고 할 수 있습니다. 여기에는 내적 영역, 즉 영적 존재의 본질적인 면은 함축되어 있지 않습니다.

'하나님께서 온전히 사랑하사 한없는 사랑을 부어 주시고 그 사랑이 더욱 풍성히 차고 넘쳐서 바깥세상을 향하기를 원하시는' 그리스도의 교회 안에서, 하나님의 보시기에 아름답고 온화하며 사랑스러운 모든 것을 표현할 수 있는 단어는 '가족'이라는 신비스러운 이름뿐인 것입니다.

성경에는 가족과 관련하여 특히 우리의 시선을 끄는 말씀이 하나 있습니다. 그것은 그리스도께서 지체에 대해 특별한 관심을 가지고 계시다는 것을 보여 줍니다.

"내게 주신 아버지의 이름으로 그들을 보전하고 지키었나이다. 그중의 하나도 멸망하지 않고"(요 17:12).

이것이야말로 가족만이 느낄 수 있는 정서입니다. 그분에게 가족 구성원 모두의 이름과 얼굴은 결코 잊어버리거나 잃어버릴 수 없을 만큼 그립고도 친숙합니다. 그들이 앉은 자리, 그들이 차지한 공간, 그들이 나가고 들어온 시간, 그리고 그들의 생김새나 습관, 음성은 하나라도 없으면 그리움에 사무칠 만큼 친숙합니다.

어느 누구도 가족의 빈자리를 대신할 수 없습니다. 공백을 채울 수 있는 것은 오직 당사자 자신뿐입니다. 지인이나 이웃이 방문할 수도 있겠지만 그들은 결코 아쉽거나 그리운 대상이 아니며, 그들의 자리는 쉽게 다른 사람으로 채울 수 있습니다. 그러나 가족은 그렇지 않습니다. 한 명이라도 빠지면 그 빈 공간은 허전하기 짝이 없습니다.

만일 죽음이 형제나 자매나 부모를 데려간다면 누가 그 자리를 채울 수 있겠습니까? 시든 꽃은 새로 피어난 신선하고도 향기로운 꽃으로 인해 잊혀집니다. 그러나 가족이라는 꽃이 시들면 대체할 수 있는 것이 없습니다. 하나가 죽으면 그곳은 영원히 공백으로 남습니다.

물론 예수께서 자신의 가족을 둘러보시면서 친숙한 얼굴들을 향해 하나라도 잃어버릴 수 없다고 하셨을 때 반드시 이런 뜻에서 하신 말씀은 아니었겠지만, 그분은 마치 아버지께서 주신 자 가운데 하나보다 더 아끼는 것은 없다는 듯이 말씀하셨습니다.

예수께서 자신의 가족 한 사람 한 사람에 대해 가지고 계신 관심이 얼마나 깊은지는 말로 헤아릴 수 없습니다. 그것은 실로 개인적이고도 특별한 애정입니다.

그런데도 우리는 혹시 이러한 사실을 잊어버림으로써 훨씬 더 많은 것을 잃지는 않았습니까? 이것은 자칫 간과하기 쉬운 것으로서, 세상 사람들에게서도 흔히 찾아볼 수 있는 현상입니다.

우리는 아버지가 자녀에 대해 품고 있는 감정을 막연히 사랑이라고 부릅니다. 물론 틀린 말은 아니지만 사랑이라는 단어가 그 감정을 전부 설명하지는 못합니다. 장자와 막내에 대한 사랑이 다르며, 각자의 특성과 형편과 사정에 따라 요구되는 사랑이 다르기 때문입니다.

우리에게는 순간마다 세심하고도 특별한 사랑이 요구되며, 그것이 채워질 때 사랑의 진가가 드러납니다. 만일 그러한 사랑이 없다면, 우리는 아버지의 마음의 한 부분만을 차지하고 있을 뿐이며, 마땅히 우리에게 속한 모든 권리를 누리지는 못한다고 생각할 것입니다. 그러나 이러한 사랑의 본질을 깨달을 때, 우리가 그분의 마음을 독차지하고 있으며, 동시에 다른 형제나 자매도 역시 동일한 사랑을 누리고 있다고 느끼게 될 것입니다.

이런 점에서 가족은 마치 창공에 떠 있는 태양과도 같습니다. 그것은 모든 사람의 소유물인 동시에 각자가 그 전체를 온전히 소유하고 있습니다.

이와 같이 하늘에 계신 아버지 여호와와 우리의 맏형이신 예수님도 마찬가지입니다. 마치 이 세상에 사랑하는 사람이 아무도 없고 오직 온 마음이 나에게만 있는 것처럼 그분의 사랑은 특별하고도 개인적이며 독특합니다. 그분은 이 세상에 돌볼 사람이 나 이외에는 아무도 없는 것처럼 밤낮 오직 나만 주시하면서 세심한 관심과 사랑으로 나를 돌보십니다.

우리가 이러한 개인적 사랑과 집요한 보호하심의 특별한 대상이라는 사실을 안다면 어떻게 감사하지 않을 수 있겠습니까! 이 얼마나 놀라운 사랑입니까!

그러므로 이제 우리는 우리가 하나님의 온전한 보호와 인도하심을 받고 있으며, 어느 누구도 사랑을 덜 받거나 소외당하지 않을 것이라는 사실을 믿고 확신합니다. 또한 '모든 것이 합력하여 선을 이룰 것'이며, 우리에게 일어나는 모든 일은 궁극적으로 빛이요 영원한 영광임을 압니다.

"여호와의 말씀이니라. 너희를 향한 나의 생각을 내가 아나니 평안이요 재앙이 아니니라. 너희에게 미래와 희망을 주는 것이니라"(렘 29:11).

"어머니가 자식을 위로함같이 내가 너희를 위로할 것인즉, 너희가 예루살렘에서 위로를 받으리니"(사 66:13).

"아버지가 자식을 긍휼히 여김같이 여호와께서는 자기를 경외하는 자를 긍휼히 여기시나니"(시 103:13).

구속함을 받은 행복한 가족 모두에게 동일하게 임하는 하나님의 사랑을 깨닫는 것은 즐거운 일입니다. 그러나 특히 시련의 날에 그분이 각자에게 베푸시는 특별하고도 개인적인 사랑을 누리는 것만큼 행복한 일도 없습니다. 우리가 아버지의 사랑을 풍성히 누리는 가족의 일원이 되었다는 것도 복된 일이지만, 때로는 각자가 하나님 앞에서 자신의 분깃으로 주어진 개인적 사랑을 인식하는 것 역시 그에 못지않게 복된 일입니다.

아가서에 언급된 신부의 고백에는 바로 이러한 감정이 잘 드러나 있습니다.

"내게 입맞추기를 원하니 네 사랑이 포도주보다 나음이로구나"(아 1:2).

"나는 내 사랑하는 자에게 속하였고 내 사랑하는 자는 내게 속하였으며 그가 백합화 가운데에서 그 양 떼를 먹이는도다"(아 6:3).

우리는, 성령께서 우리의 귀를 처음으로 열어 복음이 전해 주는 사랑의 메시지를 들려주실 때 비로소 아버지의 집을 찾아 그분의 품 안에서 안식을 누리게 됩니다. 우리는 '하나님의 선물'을 처음으로 받아 그것이 선포하는 사랑을 깨달을 때 비로소 가족의 구성원이 되어 아버지의 풍성한 식탁을 맛보고 그 영광과 기쁨을 누릴 수 있습니다.

그리고 가족이 된 이후에도 "아버지께서 나를 사랑하신 것같이 나도 너희를 사랑하였으니 나의 사랑 안에 거하라"(요 15:9)라는 말씀대로 그분의 '사랑 안에 깊이 뿌리를 내리고' 그곳에 머물러야 합니다.

CHAPTER 02

가족의 삶
믿음의 삶

하나님의 가족은 믿음으로 삽니다. 그들은 믿음으로 시작하고 믿음으로 마칩니다. '믿음으로 행하며 보는 것으로 행하지 않습니다' (고후 5:7 참고). 그들의 모든 삶은 믿음의 삶입니다. 그들의 일상적 행위 역시 모두 믿음으로 합니다. 믿음은 그들의 특성을 보여 주는 핵심 요소 가운데 하나인 것입니다. 그들은 믿음을 통해 특별한 백성으로 구별되며, 다른 사람은 결코 그들처럼 살 수 없습니다.

그들에게 믿음은 '바라는 것들의 실상이요 보이지 않는 것들의 증거'(히 11:1)입니다. 또한 믿음은 눈에 보이는 것과 손에 지닌 것을 대신하며 그들을 보이지 않는 세계로 인도합니다. 그리하여 그들은 마치 보이지 않는 것들에 대해 이미 알고 그것에 익숙한 자처럼 느끼게 됩니다.

또한 믿음은, 미래적이고도 멀리 떨어져 있으며 감지할 수 없는 것을 현재적이고도 가까우며 실제적인 것으로 바꿉니다. 믿음은 시간적으로나 공간적으로 어떤 중간 과정의 개입도 용납하지 않으며, 영혼을 순식간에 위에 있는 세계로 옮깁니다. 그리고 내세의 것을 이미 존재하는 것처럼 현실화합니다. 따라서 주님의 재림은 언제나 임박한 것으로 언급됩니다.

특히 성도는 '하늘의 시민권을 가진 자' (빌 3:20 참고)요 '그리스도 예수 안에서 함께 하늘에 앉은 자' (엡 2:6 참고)이며, 그들이 이른 곳은 '시온산과 살아 계신 하나님의 도성인 하늘의 예루살렘과 천만 천사와 하늘에 기록된 장자들의 모임과 교회와 만민의 심판자이신 하나님과 및 온전하게 된 의인의 영들' (히 12:22,23)이 있는 곳입니다.

그들이 장차 들어가게 될 나라에 속한 것들은 믿음을 통해 이 땅의 것들로 현재화되었습니다. '하늘에 앉은' 그들은 마치 구름과 폭풍이 발아래 끝없이 펼쳐져 있는 것처럼 이 땅을 내려다봅니다. 이처럼 이미 복잡한 세상을 초월하여 새로운 대기를 호흡하고 있는 저들에게 '현재의 악한 세상'이 무슨 의미가 있겠습니까?

이것이 바로 믿음의 힘입니다. 즉, 이 땅의 것과 손에 잡히는 현실적인 모든 것을 멀리하고, 보이지 않는 것과 먼 장래의 것들과 생생한 영적 만남을 가지게 되는 것입니다.

믿음은 우리에게 하늘에 있는 집과, 그 찬란하고도 거룩한 영광과 축복으로 가득한 평화를 제시합니다. 그리고 행복한 궁정과 아름다운 연합, 거룩한 무리를 보여 줍니다. 또한 믿음은 이 놀라운 광경을 볼 때에 우리의 귀를 열어 하늘의 곡조를 듣게 하며, 그들이 부르는 새 노래의 가사를 깨닫게 합니다.

"그 인봉을 떼기에 합당하시도다. 일찍이 죽임을 당하사 각 족속과 방언과 백성과 나라 가운데에서 사람들을 피로 사서 하나님께 드리시고, 그들로 우리 하나님 앞에서 나라와 제사장들을 삼으셨으니, 그들이 땅에서 왕 노릇 하리로다"(계 5:9,10).

무엇보다도 믿음은 우리의 눈을 장차 일어날 일, 즉 재림과 심판의 큰 날과 만물의 회복, 진동치 못할 나라로 향하게 합니다. 뿐만 아니라 믿음은 보이지 않는 것들에 대해서는 이전에 우리의 육안으로는 볼 수 없었던 실체와 외형을 입히는 한편, 보이는 것들에 대해서는 지금까지 그들이 입고 있었던 그럴듯한 외양이나 실체를 벗겨 냅니다.

또한 믿음은 우리를 흥분시키는 거짓된 세상의 정체를 드러내고, 우리로 하여금 가난하고도 비천한 세상을 가리고 있는 가면을 꿰뚫어 보게 합니다. 그리고 하늘의 영광을 향하지 못하도록 우리를 덮고 있던 구름을 걷어 내어 오히려 그것을 우리와 세상 사이에 둠으로써 자신의 추한 모습을 감추기 위해 발산하는 세상의 거짓된 빛과 아름다움을 차단합니다.

또한 믿음은 이 땅에서 나그네와 순례자로 살아가는 성도의 진정한 지위를 깨닫게 하고, 하나님이 경영하시고 지으실 터가 있는 성을 바라보게 합니다.

이 모든 것은 우리가 믿음으로 회심할 때 경험하게 될 것입니다. 회심이란 세상을 등지고, 지금까지 마음을 빼앗겼던 모든 것에 대해 작별을 고하는 것이 아닙니까? 그렇다면 우리도 아브라함처럼 모든 것

을 버리고 갈 바를 알지 못하고 나아가야 할 것입니다.[1]

지금까지 자신을 묶고 있던 모든 것은, 비록 때로는 쉽게 끊어지지 않으려 발버둥 쳤지만, 결국 깨지고 말았습니다. 그리하여 세상과의 연합이 아닌 새로운 연합이 형성되었습니다. 이제 우리는 주변을 돌아보면서 새로운 것들을 발견하게 됩니다. 그리고 자신이 나그네라는 사실을 깨닫습니다. 우리에게 그토록 익숙했던 그곳이 바로 나그네의 삶을 사는 현장이었던 것입니다.

그러나 그것이 바로 성도의 기쁨입니다. 우리는 이 땅의 집을 떠나 영원한 집을 향해 발걸음을 재촉하고 있습니다. 우리는 세상을 떠났으나 영원한 나라의 상속자가 되었으며, 전능하신 하나님의 자녀가 되었습니다. 우리는 애굽을 떠났으나 가나안을 향해 진군하고 있습니다. 우리는 광야에 있으나 자유합니다. 우리는 길도 없는 황야를 지나지만 구름 기둥의 인도와 그늘 아래에서 앞으로 나아갑니다.

우리는 '근심하는 자 같으나 항상 기뻐하고, 가난한 자 같으나 많은 사람을 부요하게 하고, 아무것도 없는 자 같으나 모든 것을 가진 자'(고후 6:10)입니다. 우리가 영원히 누릴 풍성한 기업은 결코 잃어버리거나 변하거나 쇠하지 아니할 것입니다.

이와 같이 보는 것으로 하지 않고 믿음으로 행하는 삶을 위협하는 것은 무엇입니까? 무엇이 이러한 우리의 기쁨을 가로막을 수 있겠습

---

1. 히 11:8 믿음으로 아브라함은 부르심을 받았을 때에 순종하여 장래의 유업으로 받을 땅에 나아갈 새, 갈 바를 알지 못하고 나아갔으며.

니까? 휘장 안에서 나오는 그 기쁨을 어떤 사막의 폭풍이 감히 뚫을 수 있겠습니까?

우리의 기쁨은 오직 변함도 없으시고 회전하는 그림자도 없으신 여호와께 있습니다. 우리는 이 세상이 결코 우리의 쉴 곳이 아님을 잘 알고 있으며, 죄로 오염된 세상이 우리의 안식처가 되기를 바라지도 않습니다.

오직 우리의 기쁨은, 여호와가 우리의 하나님이시며 그분이 약속하신 영광이야말로 우리의 영원한 기업이라는 사실에 있습니다. 그러므로 우리가 밤낮 불러야 할 노래는 "여호와는 나의 산업과 나의 잔의 소득이시니 나의 분깃을 지키시나이다. 내게 줄로 재어 준 구역은 아름다운 곳에 있음이여, 나의 기업이 실로 아름답도다"(시 16:5,6)라는 고백입니다.

그렇다면 머지않아 기쁨의 잔을 받아 누릴 우리가 왜 쓸개 탄 포도주를 피하려 합니까? 많은 성도와 천상의 교제를 누리면서 더욱 훌륭하고도 영원한 연합을 이룬 우리가 어찌하여 이 세상과 단절하기를 싫어합니까?

이 땅에서는 우리를 찾는 자가 줄어들고 친구들이 떠나며 마음의 상처를 받을 수도 있습니다. 그러나 그러한 것들은 결코 영원한 것이 아닙니다. 그런데도 왜 우리는 모든 기쁨이 떠나 버린 것처럼 슬퍼합니까? 장차 면류관을 쓰고 만유를 기업으로 받을 우리가 왜 일시적인 가난과 수치를 참지 못해 한숨을 쉬며 초조해합니까?

머지않아 세상의 꿈은 사라지고 '영원한 기쁨과 찬송'의 복된 날이 이를 것입니다. 예수님이 곧 다시 오실 것이며, '우리 생명이신 그리스도께서 나타나실 그때에 우리도 그와 함께 영광 중에 나타날 것'(골 3:4 참고)입니다.

그렇다면 시험이 우리를 흔들 수 있습니까? 결코 그럴 수 없습니다. 오히려 우리는 이 모든 시험 가운데서 우리를 사랑하시는 그분을 힘입어 승리의 개가를 부를 것입니다. 이 땅에서의 고난이 우리를 가로막을 수 있겠습니까? 믿음은 우리에게 장차 들어가게 될 눈물이 없는 땅에 대해 증거합니다.

성도의 죽음이 우리를 흔들 수 있습니까? 믿음은 우리에게 아무런 소망도 없는 자처럼 슬퍼하지 말라고 권면합니다. 만일 우리가 예수께서 죽으셨을 뿐만 아니라 다시 부활하셨다는 사실을 믿는다면, 하나님께서 예수 안에서 자는 자들도 그와 함께 일으키실 것임을 믿기 때문입니다.

연약한 육신의 피곤이나 고통이 우리를 흔들 수 있습니까? 믿음은 우리에게 '이 썩을 것이 썩지 아니함을 입고 사망이 이김의 삼킨 바 될 날이 다가오고 있다'고 말합니다(고전 15:54 참고). 가난이 우리를 흔들 수 있습니까? 믿음은 모든 것이 풍족한 평화로운 본향에서는, 나그네로 사는 이 땅의 가난이 사라지고 배고픔이나 목마름도 더 이상 없을 것이라고 말합니다.

안식이 없는 이 땅의 온갖 요란함이 우리를 흔들 수 있습니까? 믿음은 하나님의 백성에게 남아 있는 안식을 보여 줍니다. 구속받은 성도들이 장차 갈 수정같이 맑은 유리 바다에는 어떤 혼란이나 소동이나 위험도 없습니다. 이 땅의 명예가 우리의 마음을 흔듭니까? 믿음은 장차 우리에게 임할 지극히 크고도 영원한 영광에 대해 말합니다.

이 땅에 머리 둘 곳이 없습니까? 믿음은 우리에게 이 세상이 아닌 영원한 본향이 있다고 말합니다. 이 땅에 가득한 무질서와 사악함을 바라보면서 두려워합니까? 믿음은 우리에게 여호와께서 오실 날이 임박하다고 말합니다. 죽음이 두렵습니까? 믿음은 우리에게 "죽어야 산다"라고 말합니다. 그렇다면 영원히 사는 것이 두렵단 말입니까? 사람들이 생명이라고 부르는 이 사망의 상태를 끝내는 것이 두렵단 말입니까?

이것이 하나님의 가족으로서의 삶이며 믿음의 삶입니다. 우리는 보이지 않는 것으로 삽니다. 우리의 생명은 그리스도와 함께 하나님 안에 감추어져 있습니다. 이 새로운 삶의 방식은 세상의 것과 전혀 다를 뿐 아니라 오히려 정반대입니다. 이 땅에서 성도는 처음부터 이러한 방식으로 삶을 살아갑니다. 그들은 지금까지 그렇게 살아왔으며, 사랑하는 자의 품에 기대어 광야와 같은 세상을 지나왔습니다. 그리고 그들은 주께서 오실 때까지 이러한 삶을 살아가야 합니다.

많은 성도들이 이러한 삶에 만족하고 그 안에서 기쁨을 누리면서, 날마다 "생각하건대 현재의 고난은 장차 우리에게 나타날 영광과 비교할 수 없도다"(롬 8:18)라고 고백하였습니다.

사망이나 생명이나 현재 일이나 장래 일은 모두 우리의 것입니다. 왜냐하면 우리는 그리스도의 것이며 그리스도는 하나님의 것이기 때문입니다. 우리는 하나님의 후사이며 예수 그리스도와 함께한 후사입니다.

"이는 여호와의 종들의 기업이요, 이는 그들이 내게서 얻은 공의니라. 여호와의 말씀이니라"(사 54:17).

이 땅에서 나그네로서의 삶을 산 전형적인 모습이 아브라함과 이스라엘 백성에게서 잘 나타납니다.

먼저 아브라함에 대해 살펴봅시다. 그는 영광의 하나님의 명령에 순종하여 모든 것을 뒤로하고 떠났습니다. 이렇게 그의 믿음의 삶이 시작된 것입니다. 그는 갈 바를 알지 못한 채 나갔으며, 하나님께서 자신에게 주신 땅에서 나그네로 살았습니다. 그리고 하나님의 말씀에 순종하여 이삭을 제물로 바치려고까지 했으며, 부활의 날이 올 때까지 자신의 육신을 누일 매장지를 구입하였습니다. 이 모든 것이 믿음에 의한 것이었습니다.

아브라함은 나그네로 살았으며 나그네로서 행하였습니다. 그에게는 집이 없었으며, 오직 제단과 장막이 그가 가진 전부였습니다. 그리고 가는 곳마다 제단을 세우고, 죄 사함 받은 평온한 양심과 하나님께 열납되는 은총의 기쁨을 누렸습니다. 또한 가는 곳마다 장막을 치고, 그것을 통해 자신이 이 땅에서 순례자요 나그네로 살아가고 있음을 느꼈습니다.

이 땅의 여정이 끝나기까지 하나님의 가족으로서의 제단과 장막, 죄 많은 영혼을 위한 구주와 연약한 육신을 위한 안식처 외에 무엇이 더 필요하겠습니까?

이제 이스라엘 백성을 살펴봅시다. 그들의 믿음의 삶은 애굽을 떠나면서 시작되었습니다. 그들은 홍해를 건넜으며, 광야에 거주하였습니다. 그들에게는 거할 성이 없었고, 고기 가마도 없었습니다. 그들에게 먹을 것이라고는 만나밖에 없었으며, 남은 것이라고는 애굽의 하수 대신 물을 내어 줄 반석뿐이었습니다. 그들의 주위에는 온통 황량한 벌판밖에 없었습니다. 이제 그들은 보는 것이 아닌 믿음으로 행하지 않을 수 없게 된 것입니다.

그들은 세상과 격리되어 오직 하나님과 남게 되었습니다. 그들은 아브라함처럼 자신들에게 유일하게 남은 장막을 치고 제단을 쌓았습니다. 그들이 머무는 동안에는 그들의 머리 위에 마치 하늘의 차양과 같은 신비로운 구름 기둥이 떠올라 그들의 거처를 덮었으며, 장막을 걷으라는 하나님의 명령과 함께 마치 호위천사와 같이 날아올라 그들을 인도하였습니다.

그리고 하나님은 마치 이러한 순례자의 여정을 더욱 생생히 보여 주기라도 하듯이 그들 가운데 임재하여 한 장막을 취하시고 그 가운데 거하셨습니다. 이 장막은 '여호와의 성막' 또는 문자적으로 '여호와의 회막'이라고 불렸습니다. 여호와께서는 마치 그들과 같은 나그네가 되신 것처럼 이스라엘의 장막 곁에 자신의 장막을 치고 그들과 함께 거하신 것입니다.

이것이 우리의 삶입니다. 우리는 선조들과 마찬가지로 이 땅에서 하나님과 함께하는 나그네가 되어야 합니다. 그것은 화려한 도시의 삶이 아니라 광야의 삶입니다.

그러나 아무러면 어떻습니까? 여호와가 우리의 하나님이시며, 우리는 곧 그분이 예비하신 '처소'에 들어갈 것입니다. 또한 우리에게는 장막과 제단과 구름 기둥이 있습니다. 하늘에는 우리를 위해 '말세에 나타내기로 예비하신' 안식이 보장되어 있습니다. 그 이상 무엇이 더 필요하겠습니까?

CHAPTER 03

가족의 특징
십자가와 평안

 여기에서 말하는 가족은 각 나라와 족속과 백성과 방언에서 나온 자들입니다. 그들은 '아무라도 능히 셀 수 없는 큰 무리'입니다. 그러나 그들은 한가족입니다.
 모든 구성원은 한가족으로서의 유사성과 그들이 한가족임을 보여주는 가족의 이름을 가지고 있습니다. 그들에게는 많은 공통점이 있으며, 그들 모두에게 공통적으로 나타나지 않는 요소는 거의 없습니다.
 그들은 모두 같은 고향에서 태어난 같은 세계의 사람입니다. 그리고 그들은 모두 같은 피로 뿌림을 받고 같은 성령으로 거듭났으며, 모두 같은 노래를 부르고 같은 방언을 사용하며, 동일한 소망과 동일한 기업의 후사에 속합니다.
 지금까지 그렇게 많은 나라를 통해 그토록 오랜 세월 동안 이어져 내려온 감정과 행동의 동질성은, 그들을 특별한 백성으로 구별할 뿐만 아니라 '어제나 오늘이나 영원토록' 동일하신 그분과의 관계를 잘 보여 줍니다.

그러나 그들이 한가족임을 보여 주는 가장 독특하고도 진정한 요소는 '십자가를 진 자(cross-bearers)'라는 것입니다. 이것은 그들이 한가족이라는 확실한 표시입니다. 그들 모두가 십자가를 지고 있으며, 그것을 부끄러워 숨기기는커녕 오히려 자랑으로 생각합니다.

세상은 그리스도를 통해 우리에게 죽은 자가 되었으며, 우리는 세상에 대해 죽은 자가 되었습니다. 하나님은 우리가 이러한 예수 그리스도의 십자가를 지지 않고 영광을 누리는 것을 허락하지 않으셨습니다. 때로는 가볍고 때로는 무거우며, 때로는 수치스럽고 고통스럽기도 하지만, 이러한 십자가는 누구에게나 있으며 그들은 어디를 가든지 이 십자가를 지고 갑니다. 십자가는 그 이름뿐만 아니라 실제로도 수치와 슬픔을 보여 줍니다.

우리는 때때로 십자가를 짊어지기도 하고 때로는 그것에 못 박히기도 합니다. 우리는 처음 주님을 믿고 영접한 때부터 십자가를 떠맡았습니다. 그리고 세상을 등지고 문을 나서면서 십자가에 달리신 예수님의 치욕을 짊어집니다.

우리가 섬기는 주님은 십자가를 지셨으며 십자가에 못 박히셨습니다. 그런데 우리는 왜 그것을 피하려 합니까? 왜 그분을 부끄러워합니까? 왜 우리는 그분이 가신 길을 따르는 것을 영광으로 생각하지 아니하고 오히려 그분이 우리를 위해 지신 십자가를 자신도 지는 척 흉내만 내려고 합니까?

이 세상의 어떤 것도 우리를 위해 주님이 지신 십자가보다 존귀하고도 영광스러운 것은 없습니다. 세상은 그것을 비웃고 멸시하지만 예수께서 지신 십자가야말로 성도들에게는 모든 것이 됩니다. 오래전에 그분의 십자가를 지고 살았던 한 성도는 "오, 그리스도의 복된 십자가여, 당신의 십자가에 비할 만한 것은 없도다!"라고 고백하였습니다.

예수 그리스도는 우리에게 자신의 십자가를 지라는 명령을 하셨습니다.

"또 무리에게 이르시되 아무든지 나를 따라오려거든 자기를 부인하고 날마다 제 십자가를 지고 나를 따를 것이니라"(눅 9:23).

"또 자기 십자가를 지고 나를 따르지 않는 자도 내게 합당하지 아니하니라"(마 10:38).

이와 같이 십자가는 그분의 제자임을 증명하는 표시로서, 그것이 없이는 아무도 주를 따를 수 없습니다. 다시 말해 성도와 십자가는 결코 분리해서 생각할 수 없습니다. 하나님은 처음부터 이 둘을 하나로 묶어 놓았으며, 사람은 결코 그것을 나눌 수 없습니다. 십자가가 없으면 성도도 없습니다. 십자가가 없으면 아들도 없습니다.

우리는 평생 그분의 십자가를 지고 살아야 하며, 그분의 죽으심과 합하여 세례를 받아야 합니다. 우리는 그분이 당한 수치를 견뎌 내야 하며, 그분의 수치로 옷 입은 영광을 누려야 합니다. 또한 육신의 정욕과 욕심을 못 박아야 하며, 모든 지체는 고난을 통과해야 합니다.

우리의 옛사람은 수치를 당해야 합니다. 사탄의 지배를 벗어났음에도 아직도 육이 살아 있는 자는, 예수께서 우리의 죄를 대신 지고 치욕의 언덕에 오르신 것처럼, 버림받은 자요 죄인으로서 세상 앞에 나타나야 합니다. 예수님은 자신을 따르는 자들에게 친히 십자가를 지우시면서 이렇게 말씀하십니다.

"이것을 지고 나를 따르라. 이것을 지고 나를 위해 수치를 당하고 고난을 견디어라. 이것을 지고 주 예수 그리스도를 아는 지식을 위해 모든 것을 희생하라. 이것을 지고 나를 위해 자신의 목숨을 아끼지 말고 감옥이든 형장이든 가라. 끝까지 나를 따라와 쇠하지 않는 면류관을 받으라. 십자가를 지고 수치를 견디는 법을 배우라."

그러나 이러한 주님의 말씀과 더불어 우리는 그분이 몸소 보이신 모범에 대해 알고 있습니다. 이것은 비단 그분이 십자가에 달려 못 박히신 사건만을 염두에 두고 하는 말이 아닙니다. 여기에는 그 이상의 의미가 있습니다. 십자가는 그분의 삶 전체를 종결하는 마지막 장면일 뿐입니다.

그분은 구유에 누이신 그 순간부터 이미 십자가를 지셨습니다. 그리고 일생 동안 십자가를 지고 살아가셨습니다. 그분의 한평생은 십자가를 지고 갈보리로 향하는 순례의 길이었을 뿐입니다.

전하는 말에 의하면, 그분은 재판정을 떠나 골고다로 향하는 '고난의 길'을 걸어가셨다고 합니다. 그러나 사실 이 땅에서는 그분의 전 생애가 고난의 길이었습니다. 요람에서 무덤까지 그분의 모든 삶은 수치와 고난으로 점철되었습니다. 그분은 평생 고난의 삶을 사셨으며, 그분의 죽음은 이러한 고난의 결정체였습니다. 물론 이제 그분에게 십자가와 수치와 고난은 영원히 종결되었습니다. 그러나 우리에게는 여전히 이 십자가가 남아 있습니다.

그리스도는 평생 '고난의 사람' 으로 살았습니다. 그분은 실로 '질고를 아는 자' (사 53:3)였습니다. 우리는 이 말씀을 통해 우리의 맏형이신 그분의 삶에 나타난 가족의 특징에 대해 더욱 자세히 알 수 있습니다. 그분은 실로 질고에 대한 모든 것을 알고 계셨던 것입니다! 이것이 바로 질고를 아는 자라는 말씀의 의미입니다.

우리는 단 한 번의 만남을 통해서는 동료에 관한 모든 것을 알 수 없습니다. 친분은 계속적인 교제의 결과로 쌓이는 것이기 때문입니다. 마찬가지로 단 한 번의 슬픔으로는 그 고통이 얼마나 깊고 아픈지를 알지 못합니다. 그것은 단지 질고를 알기 위한 시작에 불과합니다. 날마다 시간마다 그러한 만남을 경험해야 합니다.

예수님은 그렇게 질고를 아셨습니다. 그분은 33년 동안 날마다 이러한 경험을 통해 질고를 알아 가셨습니다. 우리도 마찬가지입니다. 하나님의 백성 역시 매일의 경험을 통하여 질고를 알아 가야 합니다. 제자가 선생보다 높지 못하며, 종이 상전보다 높을 수 없습니다. 우리는 그분이 가신 길 외에 다른 것을 생각할 필요가 없습니다. 그분이 고난을 통해 온전해지셨기 때문에 우리도 마땅히 그리해야 합니다.

이런 점에서 구원의 주가 되시는 그리스도는 구원받은 백성들의 본보기이자 전형이 되십니다. 우리는 항상 "예수의 죽음을 몸에 짊어짐은 예수의 생명이 또한 우리 몸에 나타나게 하려 함이라" (고후 4:10)라고 고백할 수 있는 삶을 살아야 합니다.

그분은 '죽임 당하신 양' 입니다. 그리고 우리는 그 어린양을 따릅니다. 이것은 하나님의 가족의 특징을 가장 알기 쉽게 표현한 말입니다. 우리는, 손과 발에 못 박히고 채찍에 맞고 침 뱉음을 당하셨으며 가시 면류관을 쓰신 그리스도를 따르는 자입니다. 그분은 우리의 맏형이시며, 우리의 뼈 중의 뼈요 살 중의 살이십니다.

우리가 주님을 통해 하나님의 가족의 특징을 명백히 알았다면, 이제 십자가를 지고, 그것을 마치 우리 앞에 놓인 보석과 같이, 승리의 면류관과 같이 여겨 끝까지 붙잡아야 하지 않겠습니까? 조롱과 멸시로 얼룩진 자색 옷은 주님보다는 우리가 입어야 마땅하지 않겠습니까?

그분이 태초부터 에덴에서 예언된 여인의 후손이라는 사실을 보여 주는 한 가지 특징이 있습니다. 그것은 발꿈치의 상처입니다. 사실 이것은 고난당하고 십자가에 못 박히신 인자의 특징을 다르게 표현할 수 있는 유일한 방법입니다.

그분은 하나님에게서 받은 이러한 흔적을 통해 모든 사람들에게 알린 바 되셨습니다. 그러나 이스라엘 백성에게 이 상처는 단지 걸려 넘어지는 '거치는 돌'에 불과하였습니다. 그들은 죽어 가는 구주를 보는 영적인 눈이 없었습니다. 그래서 낮아지신 예수님은 그들에게 어떤 대접도 받지 못하셨습니다.

오히려 그들은 예수님이 받으신 발꿈치의 상처를 참을 수 없어했습니다. 하나님께서 그분에게 주신 메시야의 흔적이 이스라엘이 그분을 버리도록 만든 원인이 되고 말았던 것입니다.

그러나 우리는 그리스도가 입은 상처로 인해 기쁨을 누립니다. 우리는 발꿈치에 상처를 가진 그분을 사랑합니다. 우리는 바로 그분을 따르며, 그 상처를 하나님의 가족에게 주어지는 가장 영광스러운 표시로서 깊이 새깁니다.

또한 우리는 우리의 몫으로서 이와 유사한 상처를 찾습니다. 우리는 그것을 결코 부끄러워해서는 안 됩니다. 앞서 간 모든 성도들이 이러한 상처를 경험하였습니다. 우리는 결코 그들보다 낫지 않습니다. 말세의 군병이 된 우리가, 거룩한 백성의 군대가 6천 년간 영광스럽게 여겼던 군복을 입기를 주저하면 되겠습니까?

히브리서 기자가 진정한 자녀의 흔적으로서의 고난에 초점을 맞추었다는 사실은 매우 놀라운 일입니다. 그는 그것을 가족의 특징으로 보았던 것입니다. 실제로 그는 고난을 그리스도인의 시금석으로 보았습니다.

"너희가 참음은 징계를 받기 위함이라. 하나님이 아들과 같이 너희를 대우하시나니 어찌 아버지가 징계하지 않는 아들이 있으리요. 징계는 다 받는 것이거늘 너희에게 없으면 사생자요 친아들이 아니니라"(히 12:7,8).

이 얼마나 강력한 말씀입니까? 만일 이것이 성령의 영감을 받은 사도의 말씀이 아니라면, 이 말씀에 대해 불합리하고도 과장된 표현이라고 반발하는 사람도 있었을 것입니다. 그러나 이것은 하나님의 마음을 대변한 것이기에 있는 그대로 받아들여야 합니다. 그러므로 사실 징계는 우리가 합법적이고도 영광스럽게 태어났다는 가장 중요한 흔적 가운데 하나입니다.

이러한 특징이 우리에게서 발견되지 않는다면, 우리가 하나님의 자녀라는 증거 가운데 하나가 부족한 것입니다. 우리는 하나님의 자녀로서의 합법성에 대해 의구심을 가져야 할지도 모릅니다. 어쩌면 그분이 우리를 자신의 진정한 아들로 인정하지 않으며, 그분이 우리를 아들로 받아들인 적이 없거나 우리를 거절하신 것이라고 말할 수도 있을 것입니다. 우리가 그분의 아들이며 하나님 아버지의 인정을 받은 자라고 주장하기 위해서는 가족으로서의 특징을 지녀야 합니다.

이것은 매우 심각한 문제가 아닐 수 없습니다. 혈과 육은 그것을 두려워합니다. 우리는 이 문제를 회피할 수 있는 방법이 없는지 두리번거리면서 꼭 그렇게 해야만 하는지를 묻습니다. 그러나 대답은 간단합니다. 결코 다른 방법이 없다는 것입니다. 곧 살펴보겠지만, 이 문제를 회피하려는 모든 시도는 헛됩니다.

그러나 한편으로 이 문제는 매우 즐겁고도 유익합니다. 고난과 시련 가운데 있는 자가 그것이 바로 하나님께서 자신을 친자녀로 인정하는 보증이라는 사실을 생각한다면 기뻐할 수밖에 없습니다. 우리가 당하는 고난이 하나님의 자녀라는 사실을 보증해 준다는 생각은 실로 우리의 모든 여정을 밝게 합니다.

그러므로 우리는 이 땅에서의 삶이 밝기만 하거나 '꿈속의 환영' 처럼 지나갈 것이라고 생각해서는 안 됩니다. 우리는 내적 기쁨, 즉 말할 수 없는 영광으로 가득한 기쁨을 기대해야 합니다. 그것이야말로 이 땅에서 하나님의 가족에게만 허락된 기쁨이기 때문입니다. 세상이 주는 외적 기쁨과 편리함과 풍요, 그리고 의미 없는 세속적 유대나 눈물을 모르는 눈은 이 눈물의 골짜기를 지나는 우리의 몫이 아닙니다.

본향으로 가기 위해 우리가 끊임없이 통과해야 하는 폭풍 속에는 이 땅의 어떤 폭풍도 근접할 수 없는 참으로 깊은 평안이 있습니다. 이 세상에는 많은 고통과 환난이 있지만 우리는 예수 안에서 참된 평안을 얻습니다.

"평안을 너희에게 끼치노니 곧 나의 평안을 너희에게 주노라. 내가 너희에게 주는 것은 세상이 주는 것과 같지 아니하니라. 너희는 마음에 근심하지도 말고 두려워하지도 말라"(요 14:27).

이것이야말로 성도를 성도답게 만들 뿐만 아니라 고난 가운데서도 기쁨을 누리게 하는 독특한 요소입니다. 비록 눈물로 흐려졌으나 그들의 눈은 말할 수 없는 기쁨으로 반짝이고 있습니다. 비록 깊은 시름과 사색에 잠겨 있으나 그들에게는 한없는 평아이 넘쳐 납니다. 비록 먹구름이 그들을 덮고 있으나 그 위에는 여전히 찬란한 태양이 빛나고 있습니다.

그들에게는 '강 같은 평강' 이 넘쳐흐릅니다. 그것은 호수처럼 고여 있거나 바닷물처럼 요동하지 않고 깊은 수로를 통해 강처럼 조용히 흐릅니다.

강물은 때때로 바위나 평원을 지나고, 때로는 복잡한 수풀을 통과하거나 옥수수 밭이나 '포도원'을 지나기도 하지만, 그 어떤 방해에도 굴하지 않고 여전히 흐릅니다. 그것은 겨울이든 여름이든, 날씨가 흐리든 맑든 간에 대양에 이를 때까지 밤낮을 가리지 않고 변함없이 흐릅니다. 우리의 평안도 이와 같습니다. 그러므로 우리는 이 평안을 굳게 붙들어야 합니다.

십자가를 감출 수 없듯이 이러한 평안을 숨길 수는 없습니다. 우리는 십자가와 평안을 세상 가운데 드러내야 하며, 이 둘이 얼마나 잘 조화되는지를 보여 주어야 합니다.

평안을 우리의 삶 속에 더욱 풍성하고도 깊게 하는 것은 바로 십자가입니다. 우리가 고통의 눈물을 흘릴 때 평안은 마치 소나기 위에 떠 있는 무지개와 같이 조용히 자리를 지키며, 여호와의 빛이 우리의 영혼 위에 머무르는 한 결코 그곳을 떠나지 않습니다. 의로운 행위는 평안을 가져오며, 의의 결과는 영원한 확신과 평안을 가져다줍니다.

너희가 참음은 징계를 받기 위함이라. 하나님이 아들과 같이 너희를 대우하시나니
어찌 아버지가 징계하지 않는 아들이 있으리요. 징계는 다 받는 것이거늘
너희에게 없으면 사생자요 친아들이 아니니라
히브리서 12장 7,8절

PART 2

고통당하는 자녀들

- 가족의 연단
- 가족에 대한 징계
- 고난당하는 교회에 대한 비유

CHAPTER 04

가족의 연단

하나님은 "마땅히 행할 길을 아이에게 가르치라"(잠 22:6)라고 명령하십니다. 이것은 또한 하나님께서 자신의 교회를 다루시는 원리이기도 합니다. 하나님은 이 세상에 있는 자녀들을 연단시키시는데, 이것은 하나님께서 그들을 양육하시는 특별한 방법입니다. 성도에 대한 교육은 이러한 계획의 일환입니다. 그것은 하늘나라를 위한 훈련이며 영원을 위한 교육입니다.

그러므로 연단은 매우 중요합니다. 성령을 통해 이러한 연단을 수행하시는 분이 바로 하나님이십니다. 연단의 대상은 그리스도의 몸인 교회이며, 연단의 목적은 교회로 하여금 영원한 나라를 준비하게 하는 것입니다.

구원의 주님 역시 많은 자녀를 영화롭게 하시기 위해 고난을 통해 온전하게 되셔야 했습니다. 우리는 이러한 사실을 통해 하나님께서 연단을 얼마나 강조하시는지를 알 수 있습니다. 그분에게 연단은 결코 대수롭지 않은 일이나 의미 없는 연습이 아닙니다. 이러한 사실을 잘 알고 있는 히브리서 기자는 징계의 중요성에 대해 다음과 같이 역설하였습니다.

"내 아들아, 주의 징계하심을 경히 여기지 말며"(히 12:5).

징계는 매우 엄숙하고도 중요하기 때문에 결코 무시되거나 간과되어서는 안 됩니다. 하나님의 가족에 대한 교육은 이러한 훈련의 연장선상에서 볼 수 있습니다. 영광의 후사가 되기 위한 준비는 바로 여기에 달려 있습니다.

이 연단은 우리가 회심할 때, 즉 우리가 가족이 되는 순간에 시작됩니다.

"그가 받아들이시는 아들마다 채찍질하심이라"(히 12:6).

이러한 연단이 항상 가시적인 것은 아닙니다. 그리고 우리가 그것을 언제나 의식할 수 있는 것도 아닙니다. 그럼에도 불구하고 연단은 '우리가 새로운 소망으로 거듭난' 바로 그날부터 시작되어 목숨이 끝나는 날까지, 말세 교회의 경우에는 신자가 '공중에서 주를 영접하기 위해 구름 속으로 끌려 올라가는'(살전 4:17 참고) 그날까지 끊임없이 계속됩니다.

그것은 평생 지속되는 과정이며, 날마다 시간마다 끊임없이 계속됩니다. 언제나 우리가 알 수 있도록 채찍이 사용되는 것은 아니지만 연단은 항상 존재합니다.

하나님으로부터 흘러나오는 연단

사랑의 연단

　모든 연단 과정은 사랑이 그 바탕이 됩니다. 어떤 경우에도 진노나 복수를 위한 연단은 없습니다. 학교에서 선생님이 학생들에게 내리는 징계는 때때로 엄격하고도 가혹할 때도 있지만, 하나님이 하나님의 가족을 향하여 행하시는 모든 연단은 사랑으로 진행됩니다. 우리는 이 사실을 분명하게 알고 있습니다. 그리고 이러한 확신이 주는 위로는 말로 다 할 수 없습니다.

　사랑은 우리를 결코 부당하게 다루지 않습니다. 어떤 경우에도 의미 없는 고난은 없습니다. 이러한 사실을 깊이 새긴다면, 하나님의 징계가 아무리 준엄할지라도 하나님을 무자비하고 냉혹한 분으로 생각하는 일은 없을 것입니다.

　저는 고통을 당하는 성도가 느끼는 감정에 대해 리차드 카메론(Richard Cameron)의 아버지에 대한 이야기만큼 좋은 사례는 없다고 생각합니다. 그는 고령의 몸을 이끌고 '하나님의 말씀과 예수 그리스도의 증거를 인하여' 수감 중이었습니다. 그러던 어느 날 무자비한 박해자들이 순교한 그의 아들의 머리를 들고 들어왔습니다. 그들은 빈정거리면서 누군지 알겠느냐고 물었습니다.

　"압니다. 당연히 알지요."

　아버지는 짓이겨진 아들의 머리에 입 맞추면서 이렇게 말했습니다.

　"이것은 내 아들의 머리입니다. 내가 끔찍이 사랑하는 자식이지요.

그러나 이 모든 것은 하나님의 선하신 뜻입니다. 그분은 결코 나를 나쁘게 하실 리가 없습니다. 다만 이 시대를 살아가는 모든 사람들이 자신을 따르도록 선하심과 인자하심을 보이실 뿐입니다."

지혜의 연단

우리를 연단하시는 분은 '지극히 지혜로우신 하나님' 이십니다. 그렇다면 그분의 모든 행위에는 얼마나 깊은 지혜가 담겨 있겠습니까? 그분은, 우리에게 무엇이 필요하며 그것을 어떻게 공급해야 하는지를 정확히 아십니다. 그리고 우리의 악이 무엇이며 어떻게 해야 그것을 가장 잘 제거할 수 있는지도 아십니다.

하나님의 연단은 주먹구구식으로 행해지지 않습니다. 그것은 매우 정교하고도 절묘한 방식으로 수행됩니다. 연단의 시간과 방식과 도구는 모두 하나님의 완전한 지혜를 좇은 것입니다. 그러하기에 연단의 시간은 가장 적절한 시기, 즉 가장 필요하고도 유효적절한 때입니다. 연단의 방식은 가장 확실하고도 직접적이면서도 가장 온유한 방법입니다. 또한 가장 안전하고도 효과적이며 고통이 적은 도구가 선정됩니다. 이와 같이 하나님의 연단은 모두 그분의 완전한 지혜 속에서 이루어집니다.

신실함의 연단

다윗은 '주께서 나를 괴롭게 하심은 성실하심 때문'(시 119:75)이라고 고백하였습니다. 우리에게 신실하실 뿐만 아니라 자신에게도 신실하신 하나님께서 모든 연단을 진행하십니다.

솔로몬은 '친구의 아픈 책망은 충직으로 말미암는 것'(잠 27:6)이라고 하였습니다. 이와 같이 신자는 어려움을 당할 때 진정한 친구의 신실함을 발견하게 됩니다.

우리에게 신실하신 하나님은 우리에게서 발견되는 단 하나의 과오라도 그냥 지나치지 않고 즉시 그것을 깨닫게 하여 제거하게 만드십니다. 그분은 이스라엘에게 "너는 네 형제를 마음으로 미워하지 말며 네 이웃을 반드시 견책하라. 그러면 네가 그에 대하여 죄를 담당하지 아니하리라"(레 19:17)라고 명령하셨으며, 자신도 이 말씀에 따라 행하십니다.

그분은 신실한 아버지이시기에 자녀들의 은밀한 죄를 결코 그냥 두고 보시지 않습니다. 또한 언제나 진실하게 우리에게 선을 베푸시거나 징계를 내리시기 때문에 그분이 선을 베푸실 때보다 징계하실 때에 더욱 진실하고 신실하시다고 할 수 있습니다.

우리는 종종 친구에게 가혹한 말이나 행동을 하지 않으면 안 될 때, 사랑하는 친구의 마음을 아프게 할 수밖에 없다는 사실을 알면서도 그를 사랑하기 때문에 그렇게 하지 않을 수 없습니다. 신실한 친구라면 결코 그것을 회피하지 않을 것입니다. 그런 친구를 진실하지 않다고 말할 수 있겠습니까?

징계하시는 하나님도 마찬가지입니다. 그분은 복을 주실 때에도 신실하지만 우리를 징계하실 때에는 더욱 신실하십니다. 이러한 생각은 확실히 우리에게 위로를 주며, 이러한 위로는 모든 불평을 누그러뜨리고 우리의 마음에 평안을 가져다줍니다.

능력의 연단

우리를 연단시키시는 분은 결코 중도에 지쳐 계획을 포기하시는 분이 아닙니다. 상황이 아무리 어렵고 격렬한 저항이 있더라도 그분에게는 그 일을 수행할 수 있는 능력이 있습니다. 그러므로 모든 만물은 반드시 그분 앞에 굴복하고 복종해야만 합니다.

이러한 사실은 저에게 있어서 연단과 관련하여 가장 위로가 되는 요소 가운데 하나입니다. 만일 그렇지 않다고 생각해 보십시오. 우리가 극심한 고난을 통과하였는데 하나님께서 자신의 계획이 뜻한 대로 이루어지지 않아 좌절하실 수도 있다면 얼마나 끔찍하겠습니까? 약속을 지키지 못하는 하나님으로부터 징벌을 받고 고통을 당해야 하는 것이라면, 연단의 유익은커녕 우리의 시련에 더 큰 고통만 가중시킬 것입니다.

우리의 마음과 의지는 심히 강퍅하고 매우 완고하기 때문에 전능하신 하나님의 강권적인 역사 외에는 어떤 것도 우리를 변화시킬 수 없습니다. 참으로 우리의 영이 속에서 번민하며 성난 파도와 같은 정욕과 절망적인 싸움을 할 때, 아직도 살아 있는 육이 성령에 굴복하기를 거부할 때, 온 마음이 마치 강철처럼 강퍅하게 느껴질 때, 우리는 그분의 징계가 크신 능력을 동반한 연단이라는 사실에 깊은 안도를 하게 됩니다.

모든 것이 잘될 것이라는 생각은 우리에게 큰 위로가 됩니다. 우리는 이러한 확신 가운데 '우리를 사랑하시는 이로 말미암아 우리가 넉넉히 이길 것'이라는 사실을 굳게 붙들고 전장으로 나갑니다(롬 8:37 참고).

그런데 이러한 연단에는 지극한 사랑도 필요하지만 그것만으로는 전혀 유익을 주지 못할 수도 있습니다. 이러한 사랑은 경우에 따라 무익하거나 사랑받는 대상에게 아무것도 해 줄 수 없기 때문입니다. 또한 지혜도 필요하지만 때로는 그것마저도 전혀 도움이 되지 못할 때가 있으며, 지치지 않는 신실함 역시 아무런 효과를 거두지 못할 때가 있습니다.

아무리 세심한 주의를 기울여도 무능할 수 있습니다. 때로는 이러한 것들을 통해 유익을 주기 위해 최선을 다했는데도 좌절과 실패로 끝나기도 합니다. 그러나 '무한한 능력'이 발휘되면 모든 장애가 극복되고 모든 환경이 가장 유익하게 흘러가는 것을 볼 수 있습니다.

아파서 누워 있는 상태에서 우리는 가장 극진한 사랑의 돌보심을 받고, 가장 지혜로운 방식으로 필요한 것이 충족되며, 가장 신실한 간호를 받게 될 것입니다. 그리하여 이러한 사랑의 돌보심과 신실한 친절로 인해 다시금 평안과 위로를 얻습니다.

만일 치유의 능력이 나타나지 않거나 모든 장애를 일시에 제거할 수 있는 불가항력적인 힘이 나타나지 않는다면, 우리는 여전히 아무런 소망도 없이 그곳에 남아 있어야 할 것입니다. 그러나 치유의 능력이 나타나서 모든 병을 낫게 하거나, 때로는 죽은 자도 살아나게 하는 역사가 일어난다면 모든 것이 합력하여 선을 이룬다는 진리를 깨닫게 될 것입니다.

이와 같이 능력 있는 연단이 우리 속에 역사하고 있다는 사실은 우리에게 얼마나 큰 위로와 복이 되는지 모릅니다. 하나님의 연단은 반드시 성공하게 되어 있습니다. 그것은 아무리 힘든 과정이나 사소한 일이라고 할지라도 결코 잘못되거나 실패하지 않습니다.

우리 안에서 역사하는 것이 하나님의 전능하신 능력이라는 사실은 우리에게 큰 위로를 줍니다. 우리는 하나님의 무한하신 능력의 장중에 붙들려 있으며, 아무도 그것을 끊을 수 없습니다. 모든 것이 사랑이고 지혜이며 신실임과 동시에 모든 것이 능력입니다. 그러하기에 실패할 가능성은 전혀 없습니다.

이러한 능력이 없다면 어떻게 축복을 확신할 수 있겠습니까? 이러한 확신이 없다면 어떻게 가난한 자나 소외된 자가 위로를 받을 수 있겠습니까? 우리를 징계하시는 분은 '우리 가운데서 역사하시는 능력대로 우리가 구하거나 생각하는 모든 것에 더 넘치도록 능히 하실 이'(엡 3:20)이십니다.

그러하기에 자신이 전적으로 무능함을 깨닫고 영육간의 내적 갈등에 지친 영혼은, 자신을 온전히 붙들고 있는 하나님의 능력의 손을 기억함으로써 큰 위로를 받습니다. 불안으로 흔들리는 영혼은 '지존자의 오른손의 해' 곧 '여호와의 일, 주께서 옛적에 행하신 기이한 일'을 기억함으로써 평안을 누리게 됩니다. 그는 자신을 징계하시는 자의 이름이 '이스라엘의 힘'이라는 사실로 인하여 즐거워합니다. 그리고 스스로 이렇게 생각합니다.

"하늘을 지으시고 그것을 광대하고도 위엄 있게 펴신 하나님, 별을 운행하시되 궤도를 따라 운행하시고 그것을 말씀으로 붙드신 하나님, 그분이 바로 나를 징계하시는 하나님이십니다. 큰 깊음의 샘을 터뜨리시며 많은 물과 파도를 잔잔하게 하시는 하나님, 폭풍과 지진의 하나님이시요, '빛과 어둠의 조성자이시며 번개를 치게 하시고 영원한 산을 세우신' 하나님, 그분이 바로 지금 나를 채찍으로 징계하시는 하나님이십니다."

따라서 징계와 고난 가운데 있는 자에게 여호와의 능력과 관련된 새로운 증거나 국면은 위로의 원천이 됩니다.

***

이상으로 가족에 대한 연단의 본질에 해당하는 내용으로 하나님 편에 초점을 맞추어 살펴보았습니다. 사랑, 지혜, 신실함과 능력은 서로 합력하여 연단을 계획하고 수행합니다. 그러므로 이러한 연단은 온전한 연단, 즉 우리가 생각하고 원하는 가장 완전하고도 성공적인 연단이 될 수밖에 없습니다.

이런 관점에서 연단을 바라보는 것은 우리에게 많은 유익이 됩니다. 왜냐하면 우리가 자신에게 일어나는 모든 일을 만족스럽게 여길 뿐만 아니라 '잘될 것'이라고 생각하게 되기 때문입니다.

우리에게 적용되는 연단의 모습

이제 연단에 대해 또 다른 시각에서 살펴봅시다. 지금까지는 하나님으로부터 흘러나오는 연단의 모습을 본질적인 차원에서 알아보았다면, 이제 우리에게 적용되는 연단의 실제적인 과정에 대해 알아보도록 합시다.

앞에서 살펴본 바와 같이 징계의 목적은 자녀를 교육하고 성도를 훈련시키기 위함입니다. 이러한 연단이 필요한 이유는 인간이 영적으로 불완전한 상태에 있기 때문입니다. 이제 그것이 어떤 방식으로 수행되며, 특별히 영혼의 어느 부분에 초점을 맞추는지에 대해 주목하고자 합니다. 물론 연단은 영혼의 모든 부분과 기능을 포함한 전 영역에 관계하지만, 특히 여기에서는 지성과 의지, 마음과 양심에 어떤 영향을 주는지를 살펴봅시다.

지성(mind)의 훈련

우리는 본질적으로 가장 무지할 뿐만 아니라 가르침을 받기도 싫어하며, 아무것도 알지 못하면서 알려고도 하지 않습니다. 뿐만 아니라 건강하고 편안한 시기에는 오히려 악을 쌓습니다. 그래서 결국 하나님이 개입하셔서 우리로 하여금 배우고 깨닫게 하시는 것입니다.

"채찍과 꾸지람이 지혜를 주거늘 임의로 행하게 버려둔 자식은 어미를 욕되게 하느니라"(잠 29:15).

그분은 우리에게 시련을 주시고 그것을 통해 배우려는 마음을 갖게 하십니다. 그리하여 우리는 배우기 싫어하는 마음을 버리고 자신의 무지를 깨닫게 되며, 위로부터 오는 가르침을 찾게 됩니다. 그리고 그렇게 하나님의 가르치는 사역이 시작되면, 우리에게 다각도로 계시의 빛이 조명되고 마침내 우리는 놀라운 영적 지혜의 성장을 누리게 되는 것입니다.

또한 지금까지 익히 들어 왔으나 깨닫지 못했던 말씀의 의미를 깨닫게 됩니다. 그리하여 성경은 우리에게 새로운 광채로 다시 살아나 깨달음과 통찰력을 주며, 모든 구절이 빛을 발하는 듯합니다. 어두운 곳이 밝아지고 모든 약속이 환한 조명 아래 드러나며, 이해할 수 없었던 것들을 순식간에 깨닫게 됩니다.

고난의 때에는 모든 것을 얼마나 빨리 깨우치는지요! 마치 고통이 우리의 능력을 일깨우고 새로운 통찰력을 제공하는 듯합니다. 우리는 단 하루 만에 지난 수년 동안 깨우친 것보다 훨씬 더 많은 성경 지식을 습득합니다. 또한 이전에 알지 못했던 '한밤중의 노래(songs in the night)'를 배웁니다. 그리고 한층 더 깊은 경험은 우리를 성경의 깊은 세계로 인도하여 그곳에 감추어진 신비를 깨닫게 합니다.

루터는 종종 "고난이 없었다면 나는 성경을 깨닫지 못하였을 것입니다"라고 고백했습니다. 고난당하는 성도는 모두 이러한 반응을 보입니다. 그들은 다음과 같은 다윗의 고백에 나타난 진리를 깨달은 듯합니다.

"여호와여, 주로부터 징벌을 받으며 주의 법으로 교훈하심을 받는 자가 복이 있나니"(시 94:12).

"고난당한 것이 내게 유익이라. 이로 말미암아 내가 주의 율례들을 배우게 되었나이다"(시 119:71).

우리는 병에 걸려 누워 있거나 질고 가운데서 얼마나 많은 지성의 교훈을 얻고 훈련을 받는지 모릅니다. 작은 시련일지라도 그로 말미암아 신적 지혜의 창구인 영혼의 귀에 속삭이는 내용은 참으로 위대하고도 신비합니다.

그러나 고난이 진행되는 동안에는 이러한 유익을 거의 느끼지 못할 때가 종종 있습니다. 우리는 아무것도 배우지 못한다고 생각합니다. 고난이 우리를 삼키고 재앙이 우리를 누르면 혼란에 빠지고 긴장하여 분노하거나 이성을 잃기도 합니다. 그러다가 곧 결과적으로는 그것이 우리에게 유익이 되었다는 사실을 깨닫습니다.

이와 같이 징계는 우리에게 성숙한 분별력과 하나님의 음성을 기다리는 인내, 그리고 말씀에 대한 사모함과 분별력과 통찰력이라는 은혜로운 결과를 가져다줍니다. 지성이 가장 철저한 연단을 받게 되며, 특히 성령의 가르침을 통해 영적 진리에 관한 놀라운 지적 성장을 하게 되는 것입니다.

의지(will)의 훈련

의지는 우리 마음 가운데서도 반역적 요소가 거하는 좌소입니다. 영적 전쟁이 일어나는 곳이 바로 이곳입니다. 그래서 성경은 "육체의 소욕은 성령을 거스르고 성령은 육체를 거스르나니"(갈 5:17)라고 말합니다. 즉, 회심할 때 의지는 바른 방향으로 향하게 되지만 여전히 왜곡된 상태이며 완악합니다. 그 속에 여전히 반역적 요소가 도사리고 있는 것입니다.

모든 것이 순조로운 시기에는 그것이 종종 잠복해 있기 때문에 우리는 그 힘이 얼마나 강한지를 의식하지 못합니다. 그러나 그것은 여전히 우리 속에 존재합니다. 그리고 그것을 부드럽고도 강하게 하기 위해서는 용광로처럼 뜨거운 열이 필요합니다. 어중간한 시도는 전혀 효과가 없습니다.

고난 가운데 있는 어느 성도는 '나의 의지를 하나님의 뜻에 맞추기 위해서는 하나님의 모든 힘이 동원되어야 할 것'이라고 말하기도 했습니다. 그러나 의지는 반드시 하나님의 뜻에 맞추어져야만 하는 것입니다.

의지는 영혼의 보루이기에 하나님께서 징계를 통해 특히 초점을 맞추고 있는 영역 역시 바로 이 의지입니다. 그분은 완악한 의지를 녹이기 위해 계속해서 연단의 불을 지피시고, 그것을 바로 펴기 위해 끊임없이 망치질을 가하십니다.

우리의 의지가 완전히 순종적으로 될 때까지 결코 쉬지 않고 의지에 달라붙어 있는 수많은 자아의 흔적들을 내리치십니다. 그리하여 우리의 의지로 세운 계획들을 철저히 몰아내시고 그것이 얼마나 어리석은 계획인지를 보여 주실 때까지 자신의 손을 거두지 않으실 것입니다.

수많은 고난이 끊이지 않고 이어지든지, 혹은 처음부터 엄청난 재앙으로 수년 동안 아무것도 할 수 없는 결과를 초래하든지에 상관없이, 특히 오랜 세월 동안 고통이 지속되는 경우가 있습니다. 의지를 굽히고 펴는 과정은 종종 오랜 시일이 소요되기 때문입니다. 그동안 영혼은 깊은 물과 바다를 건너고 새롭게 타오르는 뜨거운 불을 통과해야 합니다.

이와 같은 지속적인 고난은 특별히 의지를 겨냥합니다. 의지의 집요함이나 완고함은 오랫동안 이어지는 고난을 통해서만 해결될 수 있습니다. 의지가 완전히 순종적이 되어 하나님의 의지와 조화를 이루는 것은 점진적인 과정을 요구하기 때문입니다.

보기 흉한 가지를 단번에 잘라 버릴 수도 있지만 구부러진 나무 전체를 바로잡기 위해서는 수개월, 또는 수년이라는 시간과 부단한 노력이 필요합니다. 그러나 결국 의지를 바로잡아야 합니다. 아무리 의기양양하고 뻔뻔스러운 의지라고 할지라도 반드시 꺾여야 합니다. 하나님은 그것을 결코 내버려 두지 않으시고 자신의 의지와 합치될 때까지 계속해서 만들어 나가실 것입니다.

마음(heart)[1]의 훈련

사람의 마음은 하나님에 대해 잘못 고동치고 있습니다. 그것은 피조물에 대해서는 진실한 고동일 수도 있지만 하나님에 대해서는 그렇지 않습니다. 성령께서 처음으로 마음을 두드리시고 '하나님의 풍성하신 은혜'를 보여 주실 때 그것은 어느 정도 진실해집니다. 그러나 그 변화는 부분적일 뿐이며, 대부분의 마음은 여전히 거짓된 채로 남아 있습니다.

이러한 마음은 피조물 속에 완전히 녹아들어 있으며 진토에 붙어 있습니다. 그것은 하나님의 마음과는 전혀 다릅니다. 그러나 결코 그렇

---

1. 역자주 – 지성과 의지에 대하여 감성적(emotional) 측면에서의 마음을 말합니다.

게 되어서는 안 됩니다. 하나님께도 마음이 있으며 그것은 진실합니다. 그분은 우리의 사랑을 질투하며, 그 연약함이나 변절을 안타까워하십니다. 그분은 우리의 사랑을 원하시는데 진실한 사랑만이 그분을 만족시킬 수 있습니다. 그래서 그분이 우리를 징계하시는 것입니다.

하나님은 이와 같이 잘못된 마음의 고동, 하나님이 아닌 다른 것을 좇으려는 마음을 용납하지 않으시고 바로잡거나 자신의 뜻을 앞세우십니다. 그리하여 우리가 잘못을 뉘우칠 때까지 계속해서 마음을 두드리고 간섭하십니다.

그분은 아름다운 자태로 우리를 현혹하는 나뭇잎이 있다면 그것을 벗겨 내 버리십니다. 그리고 아름다운 향기로 우리를 매혹시키는 꽃을 잘라 버리십니다. 또한 우리의 마음을 빼앗는 수금의 현을 하나씩 뜯어내십니다.

하나님은 그렇게 우리에게 이 땅에 속한 것들의 적나라하고도 추한 모습을 보여 준 다음에 무한한 영광의 빛 가운데 자신을 드러내십니다. 그리하여 하나님은 우리의 마음을 얻으시고 우리의 마음을 진실된 마음으로 바꾸시며, 자신과 자신의 아들에 대한 우리의 거짓된 마음을 뉘우치게 하시는 것입니다.

그러나 이 과정은 결코 쉽지 않습니다. 이것은 매우 힘들고 쓰라린 훈련이기에 마음이 큰 상처를 받을 수도 있습니다. 그러나 이것은 반드시 겪어야 하는 과정이며, 어느 한 부분에도 예외적으로 아량을 베풀 수 없습니다.

또한 이 훈련은 우리의 마음을 얻을 때까지 결코 끝나지 않습니다.

만일 징계가 바라던 성과를 달성하기도 전에 멈추어 버린다면 그의 사랑은 설 자리를 잃고 말 것입니다. 그렇게 된다면 얼마나 비참하고도 어리석은 사랑이 되겠습니까? 하나님은 이러한 사실을 잘 알고 계시기에 "그들을 홀로 내버려 두라"라고 말씀하십니다. 이것은 그분의 사랑이 모든 수단을 동원한 뒤에 취하는 마지막 조치입니다.

하나님이 이스라엘에게 하시는 가장 통렬하고도 가슴 아픈 말씀은 "너희가 어찌하여 매를 더 맞으려고"(사 1:5)라는 말씀입니다. 비록 오랫동안 마음에 쓰라린 상처가 있을지라도 이 말씀을 기억하여 결코 약해져서는 안 됩니다. 또한 우리의 마음을 온전히 얻으려는 그분의 계획에 기꺼이 동참하여 고난을 경감해야 합니다. 인색한 마음으로 마지못해 그렇게 해서는 안 됩니다.

그분은 우리를 위해 '풍성한' 것을 준비하고 계십니다. 그리고 더욱 감미로운 그분의 사랑이 우리 안에 거하면서 우리를 영원히 만족시킬 것입니다. 그러하기에 우리는 이렇게 그분을 사랑하는 훈련을 받아야 하며, 변함없는 사랑과 교제를 통해 그분과 함께 영원한 날을 보내야 합니다.

양심(conscience)의 훈련

화인 맞은 양심은 죄인의 타고난 유산입니다. 그러므로 성령께서 처음 임하여 사망의 잠을 자고 있는 우리의 영혼을 깨우실 때 가장 먼저 손을 얹으시는 부분이 바로 양심입니다. 그분이 양심을 어루만지실 때 우리는 양심의 가책으로 인하여 갈등하게 됩니다. 그런 다음에 성령께서 우리의 양심을 보혈로 씻고 예수님과 그분의 십자가를 보여 주시면 비로소 양심이 평안을 얻습니다. 그리하여 양심은 죄 사함의 은총을 맛보고 모든 불안과 두려움에서 벗어나 안식을 누립니다.

이와 같이 십자가의 광경은 우리에게 언제나 평안을 가져다줍니다. 이제 양심은 더 이상 두려워 떨지 않습니다. 지금까지 우리를 두려워 떨게 하였던 실체가 그리스도의 보혈로 말미암아 해소되었음을 알기 때문입니다.

"그들의 죄와 그들의 불법을 내가 다시 기억하지 아니하리라"(히 10:17).

이렇게 하여 양심은 평안을 찾습니다. 양심의 각성으로 인해 일어나는 첫 번째 반응으로서의 두려움은 평안이 아닙니다. 그러나 죄 사함의 은총과 하나님과의 화목이 마치 한겨울에 부는 따뜻한 봄바람같이 양심에 임할 때, 우리의 양심은 부드러워지고 평안함을 얻게 됩니다. 그러나 이러한 양심의 역사 역시 부분적인 현상에 불과합니다. 그럼에도 불구하고 하나님은 우리의 양심을 전적으로 부드럽게 만들기를 원하십니다.

하나님은 우리의 양심이 죄에 대해 극히 민감해지고 전심으로 온전한 거룩을 추구하게 되기를 간절히 바라십니다. 그래서 이러한 효과적인 사역을 이루기 위해 우리의 양심을 괴롭게 하십니다. 이러한 괴로움은 곧바로 양심의 좌소를 향합니다.

사렙다 과부의 아들의 죽음은 즉시 그녀의 양심을 일깨웠습니다. 그래서 그녀는 선지자를 향해 "하나님의 사람이여, 당신이 나와 더불어 무슨 상관이 있기로 내 죄를 생각나게 하고 또 내 아들을 죽게 하려고 내게 오셨나이까"(왕상 17:18)라고 부르짖었습니다.

이와 같이 하나님은 징계를 통해 양심을 흔드시어 우리로 하여금 즉시 새로운 삶을 시작하게 하십니다. 그리고 이때 우리는 마치 하나님이 내려오셔서 우리의 마음을 감찰하시고 철저하게 수색하기 시작하시는 것처럼 느끼게 됩니다.

무엇보다도 우리는 이러한 아픔을 통해 하나님께서 우리에게 우리의 죄에 대한 책임을 묻고 계시다는 것을 알게 됩니다. 물론 전적인 책임을 묻는 것은 아닙니다. 우리는 오직 예수님의 고난을 통해서만 이러한 공의가 시행되었다는 것을 압니다. 다만 우리는 그 본보기로서, 쓰라린 죄의 열매를 통해 죄에 대한 하나님의 인식의 한 부분을 깨달을 뿐입니다.

이러한 훈련을 통해 양심은 우리가 경험을 통해 죄에 대해 알아 간다는 것을 깨우치게 됩니다. 그리고 새로운 고난을 당할 때마다 이러한 경험이 더욱 깊어집니다.

"혹시 그들이 족쇄에 매이거나 환난의 줄에 얽혔으면, 그들의 소행과 악행과 자신들의 교만한 행위를 알게 하시고, 그들의 귀를 열어 교훈을 듣게 하시며 명하여 죄악에서 돌이키게 하시나니"(욥 36:8-10).

말세에는 순전한 양심을 찾아보기가 참으로 어렵습니다. 세상은 양심이라는 이름 외에는 그것에 대해 아무것도 모르는 것 같습니다. 즉, 우리는 양심이 없는 세상에 살고 있는 것입니다. 그리스도의 교회도 이러한 세상과 얼마나 유착되어 있는지 모릅니다.

"악한 동무들은 선한 행실을 더럽히나니"(고전 15:33).

오늘날 열심과 열정과 사랑으로 충만한 성도들 가운데 순전한 양심을 지닌 사람을 찾아보기 어렵다는 사실은 실로 안타까운 일이 아닐 수 없습니다. 그러하기에 하나님은 우리를 치시되, '육체로 더럽힌 옷이라도 싫어할' 만큼 우리가 온전히 순전하고도 민감한 양심을 소유하게 될 때까지 더욱 세게 치실 것입니다.

이러한 양심의 훈련은 많은 사람들이 생각하는 것보다 훨씬 중요합니다. 만일 성도가 이 훈련을 등한히 하거나 간절한 마음으로 구하지 않거나 양심을 마비시키고 무감각하게 만드는 모든 것과 맞서 싸우지 않는다면, 언젠가는 하나님께 매를 크게 맞게 될 것입니다. 이것이 바로 하나님의 가족에 대한 연단의 내용입니다.

***

지금까지 우리는 하나님에게서 말미암은 연단이 어떤 본질적 특성을 띠고 있으며 우리에게 어떠한 작용을 하는지에 대해 살펴보았습니다. 이제 모든 것이 합력하여 잘될 것이라는 생각이 듭니까? 연단과 관련하여 우리를 불안하게 하거나, 입술로나 마음으로 불평하게 하는 요소는 무엇입니까?

우리가 만일 하나님에 관해 더 많이 알고 그분의 마음속 비밀을 온전히 들여다볼 수 있다면, 그것이 아무리 힘든 대가를 치러야 하는 일이라고 할지라도 실로 복된 일이 아닐 수 없을 것입니다.

우리 속에 있는 죄를 드러내 보여 주는 것, 우리를 유순하고도 지혜롭게 하는 것, 우리의 완악한 의지를 유연하고도 순종적으로 변화시키는 것, 차가운 마음에 사랑을 알게 하고 옹색하게 좁아진 마음을 넓혀 주는 것, 굳은 양심을 부드럽고도 민감하게 만드는 것, 영광의 나라를 위해 온 영혼을 훈련시키는 것, 이러한 연단이야말로 하나님의 가족에게 없어서는 안 될 요소인 것입니다.

이것이 아버지의 뜻입니다. 이러한 연단은 자녀들이 바르게 성장하기 위해서 반드시 필요한 것이 아닙니까? 징계는 하나님께서 원하시는 우리의 모습을 넌지시 알리는 방법 가운데 하나가 아닙니까? 그것은 하나님이 우리를 자신의 나라로 인도하는 가장 확실하고도 안전한 지름길이 아닙니까? 그렇다면 지금도 우리를 인도하고 계시는 아버지의 손이 우리의 영적 성장을 위해 우리를 더욱 굳게, 또는 다소 거칠게 붙드신들 어떻습니까?

지금도 아버지는 아들들에게 권하는 것같이 우리에게 '내 아들아'라고 권면하십니다. 다만 반역하는 아들에게서 복종을 이끌어 내기 위해 크고 날카로운 음성으로 부르시는 것일 뿐입니다.

가족의 연단과 관련하여 한 가지만 더 언급하고자 합니다. 연단은 한순간도 그들을 하나님으로부터 떼어 놓지 않습니다. 또한 단 한순간도 아버지의 마음에 대해 의심의 그림자를 드리우기 위해서 행해지는 것이 아닙니다. 그럼에도 불구하고 우리는 종종 그렇게 될 때가 있습니다. 그러므로 저의 간절한 바람은 결코 그렇게 되어서는 안 된다는 것입니다.

연단은 결코 아들의 진위를 가리는 시험이 아닙니다. 징계가 없으면 사생자라고 했는데 어떻게 그것으로 인해 우리의 자녀 됨이나 하나님의 사랑을 의심할 수 있겠습니까?

하나님의 사랑은 우리에게 기쁠 때나 슬플 때나 항상 솔직하고도 용감하며 평온한 신뢰를 요구합니다. 그분의 사랑은 언제나 변함이 없습니다. 다만 징계는 이러한 사랑의 영원한 진실과 깊이에 대한 더욱 진솔한 표현일 뿐입니다.

그러므로 연단이나 징계, 그리고 그것을 주관하시는 하나님에 대한 바른 인식을 가져야 합니다. 혹시라도 그 진의를 왜곡함으로써 무례히 행하는 일이 없도록 해야 합니다. 우리는 하나님께서 우리에게 오셔서 이전보다 더욱 큰 은혜의 풍성한 보따리를 내려놓으실 때 '은혜에서 떨어지는' 일이 없도록 조심해야 합니다.

"하나님이 우리를 사랑하시는 사랑을 우리가 알고 믿었노니"(요일 4:16)라는 고백이 우리의 찬양이 되어야 할 것입니다. 그것이 하나님의 가족이 평생 불러야 할 노래입니다. 그런데 가장 크고 강하게 노래해야 할 때에 노래를 멈추거나 소리를 줄이면 되겠습니까? 고난은 우리로 하여금 바울 사도가 불렀던 다음과 같은 승리의 찬가를 토하게 할 것입니다.

"누가 우리를 그리스도의 사랑에서 끊으리요. 환난이나 곤고나 박해나 기근이나 적신이나 위험이나 칼이랴. 기록된 바 우리가 종일 주를 위하여 죽임을 당하게 되며 도살당할 양같이 여김을 받았나이다 함과 같으니라. 그러나 이 모든 일에 우리를 사랑하시는 이로 말미암아 우리가 넉넉히 이기느니라. 내가 확신하노니, 사망이나 생명이나 천사들이나 권세자들이나 현재 일이나 장래 일이나 능력이나 높음이나 깊음이나 다른 어떤 피조물이라도 우리를 우리 주 그리스도 예수 안에 있는 하나님의 사랑에서 끊을 수 없으리라"(롬

8:35-39).

  우리가 지금까지 알지도 못했고 상상할 수도 없었던 방식으로 위로의 실재와 사랑에 대한 확신과 하늘의 기쁜 교제 속으로 들어가는 것은 모두 이러한 고난을 통해서가 아닙니까?

CHAPTER 05

가족에 대한 징계

우리는 '악인의 막대기(rod of the wicked)'라는 말에 대해 듣습니다. 성경에서는 이러한 막대기에 대해 "악인의 규가 의인들의 땅에서는 그 권세를 누리지 못하리니"(시 125:3)라고 말합니다.

이 말씀의 의미는 하나님께서 자기 백성을 징계하기 위해 악인을 막대기로 사용하시기도 하지만 그것은 일시적일 뿐이며, 결코 계속해서 그들 위에 머무르지는 못하고 결국 멸망한다는 것입니다. 앗수르가 이스라엘을 징계하기 위한 하나님의 '분노의 막대기'로 사용되었으나 결국 망하고 만 것이 좋은 예입니다.

이런 의미에서 우리는 비록 악인이 성도를 이기고 괴롭힌다고 하더라도 그것은 일시적일 뿐이며, 그들의 악한 생각과 압제가 오래가지 못할 뿐만 아니라 그들로 인한 교회의 고난도 곧 끝날 것이라는 확신을 갖게 됩니다.

여호와의 짝 된 자를 향하여 칼을 든 빌라도나 감옥에 있는 세례 요한의 목을 벤 헤롯과 같이 악인이 '하나님의 검'으로 사용되기도 하지만 이 칼은 곧 깨어지고 마는 것입니다. 때로는 몸의 상처가 우리를 괴롭히지만 그것이 전부입니다. 그것은 하나님의 허락이 없이는 결코 움직이거나 우리를 치지 못합니다.

또한 그러한 '악인의 막대기'는 언제나 축복과 함께 임합니다. '그들은 그것을 원하지 않을지라도' 하나님께서 그것을 원하시며, 우리는 그것으로 충분합니다. 하나님은 사람의 분노를 자신에 대한 찬양으로 바꿉니다. '의인에게는 어떤 재앙도 임하지 아니할 것'이며(잠 12:21 참고), 비록 흉한 소문을 들을지라도 결코 두려워하지 아니할 것입니다.

또한 '악인의 막대기'는 하나님이 맹렬한 분노로 악인을 벌하시는 막대기라는 의미로도 사용됩니다. 그러나 의인에게는 이런 의미가 해당되지 않습니다. 이러한 의미에서의 악인의 막대기는 의인 위에 놓이지도 않고 계속해서 머무르지도 않습니다.

그러므로 의인에 대한 막대기는 악인의 막대기가 아닙니다. 그것은 하나님의 가족을 위한 막대기입니다. 그것은 진노의 막대기가 아니며 그들에게는 결코 저주가 머무르지 않습니다.

"그리스도 예수 안에 있는 자에게는 결코 정죄함이 없나니"(롬 8:1).

겉으로 보기에는 이 막대기에 무서운 표정과 분노가 담겨 있는 것 같지만, 징계하시는 분의 눈에는 결코 분노가 담겨 있지 않습니다. 그것은 파괴시키는 막대기가 아니라 훈계의 막대기입니다. 그 목적은 처벌이 아니라 징계이며, 상처가 아니라 축복입니다. '하나님이 진노하사 그들을 곤고하게 하심'(욥 21:17)은 성도에게는 해당되지 않습니다.

그런데 이렇게 하나님께서 자기 자녀를 위해 사용하시는 징계의 막대기는 하나가 아닙니다. 그분은 모든 성도에 대해 매번 다른 막대기를 사용하십니다. 그러므로 우리는 하나님께서 상황에 따라 어떤 채찍을 어떻게 사용하시는지를 살펴봄으로써 유익을 얻을 수 있을 것입니다.

징계의 막대기

육신의 질병

선한 일이든 악한 일이든 관계없이 육신은 영혼에 대해 강력한 힘을 발휘합니다. 그러나 그것이 어떤 식으로, 그리고 어느 정도로 영향을 미치는지에 대해서는 알 수 없습니다. 이 문제는 여기에서 다루지 않겠습니다. 그러나 분명한 것은 영혼의 활동이 육신의 제약을 받는다는 것입니다. 따라서 하나님께서 우리에게 질병을 허락하시는 이유 가운데 하나는 육신을 통해 영혼에 어떠한 영향을 주려는 것이라고 생각할 수밖에 없습니다.

우리는 이러한 사실에 대해 의식하지 못하며, 그것이 어떤 과정을 통해, 어떤 영향이나 결과를 가져오는지에 대해서도 알지 못합니다. 그러나 육신의 질병은 오직 하나님만이 아시는 방법으로 어떻게든 영혼의 건강에 직접적인 영향을 주는 것으로 보입니다. 이러한 맥락에서 사도 바울은 사탄에게 내어 준 자에 대한 구원과 관련하여 "이는 육신은 멸하고 영은 주 예수의 날에 구원을 받게 하려 함"(고전 5:5)이라고 했던 것입니다.

이에 관해서는 길게 설명할 시간이 없습니다. 다만 하나님께서 이를 통해 우리가 육신을 지나치게 소중히 여기는 일의 위험성에 대해 암시하고 계시는 것은 아닌지를 생각해 보아야 할 것입니다.

육신의 약화는 영적 건강에 큰 도움이 됩니다. 실제로 땅에 있는 지체를 죽이는 일, 즉 육신과 함께 정과 욕심을 십자가에 못 박는 일은 우리의 영혼에 생명력과 활력을 불어넣는 경향이 있습니다. 그러나 이 외에도 염두에 두어야 할 몇 가지 사항이 있습니다.

먼저 질병은 우리를 굴복시킵니다. 그것은 육신적 본성의 내면으로 파고들어, 추하고 더러운 '육신의 정욕과 안목의 정욕과 이생의 자랑'(요일 2:16)을 드러냅니다. 병상에서는 이러한 것들이 얼마나 허무하게 보이는지요! 질병은 이 세 가지 우상을 모두 덧없는 것으로 만들어 버립니다.

또한 질병은 우리를 하나님 앞에 홀로 서게 합니다. 우리는 하나님의 비밀한 방으로 인도되어 그곳에서 그분과 얼굴을 맞대고 대화합니다. 세상은 간 곳 없고 세상을 향한 마음도 사라진 채 우리는 오직 하나님 앞에 홀로 남게 되는 것입니다.

하나님은 우리에게 은혜와 진리에 관한 말씀을 풍성히 들려주십니다. 이제 우리는 지금까지 의지하던 모든 것을 버리고 오직 하나님만 의지해야 합니다. 세상에 있는 모든 것이 헛되며, 사람도 아무런 도움이 되지 못합니다. 사람의 칭찬과 위로는 우리를 더욱 쓸쓸하게 할 뿐입니다. 그러므로 오직 하나님의 칭찬과 위로로 만족할 수 있도록 온전히 그분만을 의지해야 합니다.

어떤 사람은 이렇게 말했습니다.

"만일 내 인생에 고통이 없었다면 하나님과 함께 보내는 시간은 훨씬 줄어들었을 것입니다. 내가 만일 고통으로 번민하는 밤을 보내지 않았다면 아마도 나는 내 생애 가장 아름다운 경험 가운데 하나를 놓쳐 버렸을 것입니다. 육신의 질병이야말로 내가 하나님으로부터 받고 싶어했던 도움이며, 이러한 질병이 내가 흙으로 돌아가기 전에 효력을 발휘한다면 그것은 나를 하늘로 인도할 것입니다."

욥은 "사람이 병상의 고통과 뼈가 늘 쑤심의 징계를 받나니"(욥 33:19)라고 하였으며, 이러한 단련 후에는 우리가 "순금같이 되어 나오리라"(욥 23:10)라고 하였습니다.

질병은 우리가 어떤 일을 하는 것만이 하나님을 영화롭게 하는 유일한 방법은 아니라고 말합니다. 가만히 서서 기다리는 것 역시 그에 못지않게 중요한 일입니다. 사람들은 현장 사역을 가장 높이 평가합니다. 그러나 하나님은 인내와 고난을 통해서도 영광을 받으신다는 사실을 보여 주십니다.

지금까지 우리는 자신의 길을 추구하면서 무엇인가에 사로잡혀야 한다는 강박관념에 시달려 왔을 수도 있습니다. 어쩌면 요란한 세상에서 지친 나머지 안식처가 필요하지만, 자신이 지고 있는 과중한 짐 때문에 하나님께서 우리를 이끌어 한적한 곳에 내려놓으실 때까지는 쉴 곳을 찾지 못하고 있는지도 모릅니다.

하나님의 가족에 대한 징계 가운데 가장 흔한 것이 질병입니다. 그것은 때로는 가볍게, 때로는 무겁게 부과됩니다. 그러므로 징계를 달게 받읍시다. 복된 입을 크게 벌리고 다양한 질병을 통해 주시는 유익을 바라보면서, 그것을 통해 아름다운 의의 열매를 맺도록 합시다.

어떤 사람은 "건강보다 더 큰 축복이 고통과 질병이다"라고 말하였습니다.

사별

사별은 이 땅의 슬픔 가운데서도 가장 쓰라린 것입니다. 그것은 하나님의 화살통에 담긴 가장 예리한 화살입니다. 누구보다 사랑했던 사람과 헤어지고, 여생을 함께 보내려고 만난 사람과 영원한 이별을 하고, 가족과 함께했던 아름다운 지난날의 모든 추억을 내려놓고 떠나야 합니다. 이것이 사별이라는 슬픔의 실체입니다.

다시는 우리를 향해 웃을 수 없는 그의 얼굴을 바라보고, 더 이상 우리를 볼 수 없는 그의 눈을 감기며, 이제 다시는 아무 말도 할 수 없는 그의 입술을 닫아 줍니다. 아버지, 어머니, 형제, 자매, 친구의 싸늘한 육신 곁에 서 있지만 그는 아무런 말이나 인사도 없습니다.

사랑하는 사람을 무덤에 남겨 둔 채 텅 빈 가슴을 안고 홀로 돌아오는 심정은 예수께서 자신의 성도들과 함께 오시기 전까지는 결코 다시 채울 수 없습니다. 이것이 사별의 아픔이니, 쑥과 담즙이 아니고 무엇입니까!

하나님은 때때로 우리에게 이러한 채찍을 드십니다. 우리에게 이보다 더한 채찍은 없습니다. 이를 통해 하나님은 다른 것에 빼앗겼던 마음을 헤집고 들어갈 공간을 확보하십니다. 그분은 우리의 사랑을 질투하십니다. 이는 우리가 전적으로 그분의 소유이기 때문입니다. 그분은 우리의 마음을 빼앗는 모든 우상을 철저히 깨뜨리십니다. 또한 자신과 우리를 위해 어떤 마음의 경쟁자도 용납하지 않으십니다.

지금도 세상의 기쁨은 천국을 향한 우리의 마음을 갉아먹고 있습니다. 자비하신 하나님은 이러한 우리의 마음에 찾아와 그것을 광야로 바꾸십니다. 죄가 우리를 드러내면 우리는 그것을 애통해하며 하늘의 시민권을 새롭게 인식하고 다시 한번 순례의 길을 걷기 시작합니다. 이제 우리는 결코 혼자가 아니며 하나님과 함께 이 길을 걷습니다.

어쩌면 우리는 구세주를 모르고 하나님을 두려워하지 않는 비참한 세상과, 고난으로 인해 고통 중에 있는 교회 가운데서 '시온에서 교만한 자'(암 6:1)가 되어 위로와 만족을 누리고 있는지도 모릅니다. 그러나 우리는 여호와의 말씀을 통해 깨어나야 합니다.

그분은 복 있는 성도를 먼저 데려가기도 하고 악한 죄인을 영원히 징벌하기도 하십니다. 우리는 여기에 놀라 큰 근심에 빠져 자신의 무기력함을 한탄합니다. 우리가 영적인 잠에 빠져 있는 동안 어떤 성도는 세상을 떠나 그리스도와 함께 있게 되고, 어떤 죄인들은 죽어서 마귀와 그 사자들과 함께 있게 됩니다. 이렇게 죽음은 우리를 일깨우며, 누군가의 죽음은 우리를 엄숙해지게 하고 경외심을 갖게 합니다.

이와 같이 주변의 성도가 한 사람씩 하나님 앞으로 향해 갈 때마다 우리는 천국의 가족이야말로 이 땅의 가족보다 훨씬 더 진정한 하나님의 가족이라는 사실을 깨닫게 됩니다. 또한 사별의 슬픔을 당할 때마다 이 땅보다 하늘에 더 많은 형제가 있다는 사실을 깨닫게 됩니다.

또한 사별은 주님의 오심이 가깝다는 사실을 상기시키며, 마음의 창을 통해 진지하고도 엄숙한 마음으로 여명의 햇살을 바라보게 합니다. 사별은 우리가 아버지의 집에서 기쁨으로 다시 만나 다시는 손을 놓지 않고 함께 영원한 동산에 오를 날을 손꼽아 기다리게 합니다.

동시에 그것은 우리의 마음을 오직 예수께로 향하게 합니다. 하늘에서 내려온 두 사람이 변화산에서 제자들을 남겨 두고 떠났던 것처럼, 사별은 우리에게 오직 예수님만을 남겨 둡니다. 그리고 "차라리 세상을 떠나서 그리스도와 함께 있는 것이 훨씬 더 좋은 일이라 그렇게 하고 싶으나"(빌 1:23)라는 말씀처럼 본향을 깊이 사모하게 합니다.

사별이 이 땅을 쓸쓸한 광야로 만드는 만큼 우리의 마음은 더욱 하늘로 향하게 됩니다. 우리의 마음이 추구해야 할 보물은 하늘에 있습니다. 그리고 이 땅의 소망은 무너졌습니다. 그러므로 우리는 오직 '복스러운 소망과 우리의 크신 하나님 구주 예수 그리스도의 영광이 나타나심' 만을 기다려야 합니다. 밤이 다가오고 꽃이 시들지라도 어두운 밤하늘을 수놓은 찬란한 별 무리를 보아야 합니다.

역경

이 말은 물질의 손해, 명예의 손상, 친구의 배반, 대적의 공격, 바라는 것들에 대한 실망과 같은 것들을 의미합니다. 그러나 욥은 우리에게 이 말의 의미에 대해 이렇게 말합니다.

"그가 헐으신즉 다시 세울 수 없고 사람을 가두신즉 놓아주지 못하느니라" (욥 12:14).

"이제 주께서 나를 피로하게 하시고 나의 온 집안을 패망하게 하셨나이다" (욥 16:7).

"내가 평안하더니 그가 나를 꺾으시며 내 목을 잡아 나를 부숴뜨리시며, 나를 세워 과녁을 삼으시고 그의 화살들이 사방에서 날아와 사정없이 나를 쏨으로……그가 나를 치고 다시 치며 용사같이 내게 달려드시니, 내가 굵은 베를 꿰매어 내 피부에 덮고 내 뿔을 티끌에 더럽혔구나. 내 얼굴은 울음으로 붉었고 내 눈꺼풀에는 죽음의 그늘이 있구나"(욥 16:12-16).

"나의 날이 지나갔고 내 계획, 내 마음의 소원이 다 끊어졌구나"(욥 17:11).

"그가 내 길을 막아 지나가지 못하게 하시고 내 앞길에 어둠을 두셨으며, 나의 영광을 거두어 가시며 나의 관모를 머리에서 벗기시고 사면으로 나를 헐으시니 나는 죽었구나. 내 희망을 나무 뽑듯 뽑으시고……나의 형제들이 나를 멀리 떠나게 하시니, 나를 아는 모든 사람이 내게 낯선 사람이 되었구나"(욥 19:8-10, 13).

이것은 고난 중에 있는 성도에게 주어진 역경의 잔에 담긴 물 가운데 몇 방울일 뿐입니다. 본문은 우리와 '이 땅 위의 모든 것과 헤어질 날이 다가온 사람들', 그리고 마지막 날을 그와 같이 쓰리고도 긴 고통의 잔으로 채우고 있는 자들을 위해 기록되었습니다.

그러나 우리는 여러 가지 시험을 당할 때 믿음의 시련이 인내를 낳는 줄 알고 온전히 기쁘게 여겨야 합니다(약 1:2,3 참고). 이와 함께 우리에게는 "인내를 온전히 이루라. 이는 너희로 온전하고 구비하여 조금도 부족함이 없게 하려 함이라"(약 1:4)라는 명령이 따릅니다.

비록 우리는 가난할지라도 그리스도가 풍성하시니 어찌 가난하다고 할 수 있겠습니까? 이러한 가난은 우리로 하여금 그분의 놀라운 부요함을 귀하게 여기고 그분에게서 불로 연단한 금을 사서 부요하게 되라고 주어진 것이 아닙니까?

우리의 명예는 온갖 비방과 거짓 증거로 인하여 실추되었습니다. 사회의 지탄과 조롱의 손가락질은 우리를 향하고 있으며, 악인은 치욕을 당하는 우리를 바라보면서 승리의 개가를 부릅니다.

그러나 불꽃 같은 눈으로 우리를 바라보고 계신 하나님이 우리를 기쁘게 받으시고 우리의 무죄함을 아신다면, 그것으로 충분하지 않습니까? 만일 하나님께서 우리를 낮추시기 위해 우리의 명예가 손상되기를 바라시는 것이라면 기꺼이 받아들입시다. "흰 돌을 줄 터인데 그 돌 위에 새 이름을 기록한 것이 있나니, 받는 자 밖에는 그 이름을 알 사람이 없느니라"(계 2:17)라는 말씀대로 우리에게는 흰 돌이 있습니다.

친구가 배신하고 대적이 일어납니다. 거짓 형제들이 우리를 대적하고, 아무런 해도 끼치지 않고 사랑으로만 대했던 자들이 우리를 비방하고 박해합니다. 그러나 예수님은 여전히 우리의 친구가 되십니다. 이 땅의 어떤 재앙이나 박해자도 그것을 빼앗을 수는 없습니다. 우리가 그토록 철저히 믿고 의지했던 자들의 배신은 우리로 하여금 그분에게로 더 가까이 나아가게 할 뿐입니다. 그분의 사랑은 결코 변하지 않는 영원한 사랑입니다.

요셉이 이러한 시련을 통과하였을 때 여호와께서는 그에게 바로와 같은 지위를 주셨습니다. 모세는 그것을 통과하여 '여수룬의 왕'이 되었습니다. 욥은 고난 후에 훨씬 큰 복을 받았으며, 다니엘은 큰 존귀와 영광을 누렸습니다.

"형제들아, 주의 이름으로 말한 선지자들을 고난과 오래 참음의 본으로 삼으라. 보라, 인내하는 자를 우리가 복되다 하나니, 너희가 욥의 인내를 들었고 주께서 주신 결말을 보았거니와 주는 가장 자비하시고 긍휼히 여기시는 이시니라"(약 5:10,11).

때로는 이러한 역경만이 우리를 고칠 수 있습니다.

"네가 평안할 때에 내가 네게 말하였으나 네 말이 나는 듣지 아니하리라 하였나니, 네가 어려서부터 내 목소리를 청종하지 아니함이 네 습관이라"(렘 22:21).

하늘에 있는 기업을 위해 땅 위에 있는 지분을 내려놓아야 할 때가 있습니다. 우리는 이 땅의 집으로부터 돌아서서 하늘의 집을 향해야 합니다. 그러나 세상 음악이 끊임없이 우리를 유혹하고 새 노래에 대한 사모함을 빼앗아 갑니다. 그래서 하나님은 그것을 꺼 버리거나 우리를 황량한 곳으로 몰아내어, 더 이상 유혹을 당하지 아니하고 오직 하늘의 곡조만 듣게 하십니다. 그러므로 지나치게 풍성한 컵이나 지나치게 안락한 곳에 마음을 빼앗겨서는 안 됩니다.

어떤 사람은 하나님께서 주신 모든 것을 남용하여 스스로 그들과 전혀 다를 바 없는 믿지 못할 사람임을 드러냅니다. 하나님은 어떤 사람들에 대해서는 건강을 불신하게 하십니다. 이런 사람들은 더욱 낮아지고 겸손한 삶을 살기 위해 질병이 필요합니다. 그들은 육의 다스림을 받지 않기 위하여 먹는 것을 줄여야 합니다.

어떤 사람들에 대해서는 그들의 형통함을 염려하십니다. 그들에게는 여수룬과 같이 '기름져 발로 차지' 않도록 낮아지기 위해 역경이 필요합니다. 어떤 사람에 대해서는 부요함을 믿지 않으십니다. 그들은 탐심으로 인해 많은 슬픔을 당하지 아니하도록 가난을 경험해야 합니다. 어떤 사람에 대해서는 친구를 염려하십니다. 그들에게는 친구가 우상이며, 친구에게 모든 마음을 줍니다. 이것은 그들이 여호와의 온전한 소유가 되는 것을 방해합니다.

그러나 이 모든 과정 속에서도 하나님은 우리를 자신의 가족으로서 대하십니다. 그분은 이 사실을 단 한순간도 잊지 않으시며, 우리 역시 그러해야만 합니다. 그러므로 시험이나 환난을 당할 때 우리는 '세상과 함께 정죄함을 받지 않기 위해 지금 여호와의 징계를 받고 있다'라고 생각해야 합니다.

그래서 우리는 징계에 복종해야 할 뿐만 아니라 그것을 달게 받고 환영해야 하며, 단순히 인정만 할 것이 아니라 '환난은 인내를, 인내는 연단을, 연단은 소망을 이루는 줄' 알고 '환난 중에도 즐거워' 해야 합니다. 이러한 소망이 결코 부끄럽지 않은 것은 '우리에게 주신 성령으로 말미암아 하나님의 사랑이 우리 마음에 부은바 됨'이기 때문입니다(롬 5:2-5 참고).

우리는 고난 중에서도 하나님을 찬양하는 법을 배워야 할 뿐만 아니라 고난 자체에 대해서도 하나님께 감사와 찬양을 드려야 합니다. 또한 고난당하는 자가 '버림받은 자' 보다 훨씬 부러운 위치에 있다는 사실을 깨달아야 합니다. 그리하여 고난의 먹구름이 다가오는 것을 두려워하기보다, 복을 주러 왔다가 교훈을 받기 싫어하는 완고한 마음 때문에 무기력과 불행만 남기고 그냥 지나쳐 가 버리는 것을 더욱 두려워해야 합니다.

CHAPTER 06

고난당하는 교회에 대한 비유

첫 이삭의 소제에 관한 이스라엘의 규례는 매우 독특합니다. 성경은 "너는 첫 이삭의 소제를 여호와께 드리거든 첫 이삭을 볶아 찧은 것으로 네 소제를 삼되"(레 2:14)라고 명령합니다.

볶아 찧은 곡물

그리스도야말로 첫 열매이십니다. 그러므로 '(곡물을) 볶아 찧은 것'이라는 표현은 그리스도를 예표합니다. 우리는 이 곡물이라는 단어를 통해 인간의 본성을 입고 땅에 속한 자가 되신 그분의 모습을 찾을 수 있습니다. 곡물은 밭에서 나서 토양으로부터 양분을 받아들이고 물을 흡수하며 햇빛을 통해 자랍니다. 예수님도 마찬가지입니다. 그분은 '말씀이 육신이 되어 우리 가운데 거하시매'(요 1:14) 길가의 시냇물을 마신 참사람이셨습니다.

이 곡물은 푸를 때 따서 (인위적인 불로) 볶아야 합니다. 그것은 결코 햇볕에 의한 점진적 가열을 통해 익히는 것이 아니라 인위적인 가열이라는 비정상적인 방법으로 조기 숙성시켜야 합니다. 우리는 이와 같이 고난의 사람이신 예수께서 소멸하는 불이신 아버지의 진노에 복종하여 조기에 말라 버리신 것을 압니다.

그분은 결코 '장수하다가……마치 곡식단을 제때에 들어 올림'(욥 5:26)같이 무덤에 들어간 것이 아닙니다. 은총의 태양을 받으면서 평온한 가운데서 장수한 것도 아닙니다. 그분은 안팎으로 타오르는 맹렬한 불에 의해 타 들어갔으며, 아직 힘이 넘치는 나이였음에도 불구하고 심히 상한 모습에 유대인들은 그를 쉰에 가까운 나이로 보기까지 했습니다.[1]

시편에 나타난 예수님은 바로 이러한 모습입니다. 우리는 그러한 모습을 통해 그분이 바로 '볶아 찧은' 분임을 즉시 알 수 있습니다. 그는 이렇게 말씀하십니다.

"내 힘이 말라 질그릇 조각 같고 내 혀가 입천장에 붙었나이다. 주께서 또 나를 죽음의 진토 속에 두셨나이다"(시 22:15).

"여호와여, 내가 고통 중에 있사오니 내게 은혜를 베푸소서. 내가 근심 때문에 눈과 영혼과 몸이 쇠하였나이다. 내 일생을 슬픔으로 보내며 나의 연수를 탄식으로 보냄이여, 내 기력이 나의 죄악 때문에 약하여지며 나의 뼈가 쇠

---

1. 요 8:57 유대인들이 이르되 네가 아직 오십 세도 못 되었는데 아브라함을 보았느냐.

하도소이다"(시 31:9,10).

"내 눈이 근심으로 말미암아 쇠하며 내 모든 대적으로 말미암아 어두워졌나이다"(시 6:7).

이와 같이 예수님은 우리를 위해 받으신 고난으로 인해 기한 전에 바싹 말라 타 들어가셨습니다.

그런데 볶아 찧은 푸른 이삭은 주님의 모습을 예표하는 동시에 그분을 따르는 성도의 모습을 예표하기도 합니다. 확실히 성도들은 우리와는 비교할 수 없을 정도로 주님과 닮은 삶을 살았습니다. 그들은 예수님과 동일하게, 첫 이삭으로 불리는 하나님의 교회를 대표하는 하나의 전형에 해당합니다. 그의 몸 된 교회의 모든 지체는 처음부터 이와 같이 볶아 찧은 곡물로 살았습니다. 그들 가운데 한 사람의 말을 들어 봅시다.

"내가 연기 속의 가죽 부대같이 되었으나 주의 율례들을 잊지 아니하나이다"(시 119:83).

"내가……종일 신음하므로 내 뼈가 쇠하였도다……내 진액이 빠져서 여름 가뭄에 마름같이 되었나이다"(시 32:3,4).

이와 같은 예표가 바로 이스라엘에게 제시된 교회의 모습입니다. 우리는 이러한 인물에 비추어 자신이 당하고 있는 고난을 돌아보아야 합니다. 그들의 삶은 우리를 더욱 성숙하게 할 것이기 때문입니다. 그것은 우리의 수명을 단축시킬 수도 있고 우리의 육신이 몹시 꺼리는 삶이 될 수도 있습니다. 그러나 그럼에도 불구하고 그들의 모습은 우리를 성장시킵니다.

우리를 감싸고 있는 고난과 슬픔은, 푸르고 무성하면서도 성숙되지 못한 이 땅의 화려함과 번성함을 시들어 쇠하게 할 뿐만 아니라 우리의 은혜를 더욱 풍성히 넘치게 합니다.

불이 아무리 거셀지라도 우리를 소멸시키지는 못합니다. 오히려 그것은 성숙의 과정을 단축시키고, 온전한 거룩과 영원한 영광에 이르는 지름길이 될 뿐입니다. 그렇다면 이와 같이 성장을 앞당기는 지름길을 마다할 이유가 무엇이란 말입니까?

순금으로 쳐서 만들다

이스라엘에는 교회의 환난과 관련된 또 하나의 규례가 있었습니다. 즉, 속죄소와 스랍은 둘 다 순금으로 만들되 '쳐서' 만들어야 한다는 것입니다(출 25:17,18 참고). 그런데 스랍이 구속받은 자, 그리스도의 교회를 상징한다는 사실은 매우 놀랍지 않을 수 없습니다. '거룩하게 하시는 자와 거룩함을 입은 자들이 다 하나에서 났으므로' 속죄소와 스랍은 하나가 되어야 하기 때문입니다.

또한 순금으로 만들었다는 것은 그들이 지극히 고귀한 존재임을 보여 줍니다. 그리고 '금을 쳐서' 만들었다는 것은 그들이 겪어야 할 과정이 어떤 것인지를 설명해 줍니다.

속죄소는 하나님께서 시내산에서 보여 주신 식양과 모양을 따라 망치로 쳐서 만들어졌습니다. 이와 같이 예수님도 '고난을 통해 온전하게 되셨습니다.'[2]

또한 스랍도 쳐서 원하는 모양과 형태로 만들어졌습니다. 성도도 마찬가지입니다. 그들도 이와 같이 반드시 거쳐야 하는 과정을 통해 하나님께서 원하시는 온전한 모습으로 만들어져 가야 합니다.

그렇다면 성도 된 우리는 어떠한 과정을 통과하고 있습니까? 우리는 성령의 망치를 통해 점차 스랍과 같은 모습으로 변해 갑니다. 요한계시록은 그것을 하나님의 보좌와 영광의 기업이자 그것을 떠받들고 있는 자들의 모습으로 제시합니다.

그렇다면 우리를 위해 예비된 영광을 바라볼 때 복종하지 않을 수 없는 과정, 즉 성령께서도 우리를 '쳐서' 그러한 모습으로 만들어 가시지 않겠습니까?

과부의 슬픔

주께서 교회에 대해 말씀하실 때 사용하신 또 하나의 비유가 있습니다. 교회를 상처받고 고통당하며 아무도 돌보지 않는 과부에 비유하신 것입니다. 과부야말로 이 땅 위에 있는 교회의 형편을 그대로 대변합니다.

남편이 없다는 것은 그녀의 가장 쓰라린 고통 가운데 하나입니다. 그것 때문에 그녀는 평생 슬픔을 안고 살아갑니다. 그것은 마치 큰 슬

---

2. 히 5:8,9 그가 아들이시면서도 받으신 고난으로 순종함을 배워서 온전하게 되셨은즉, 자기에게 순종하는 모든 자에게 영원한 구원의 근원이 되시고.

품을 당하였으나 자신의 곁에 위로해 줄 사람조차 아무도 없을 때 느끼는 공허함과 같은 것입니다.

만일 교회가 주께서 오시기 전까지는 이런 과부와 같은 상태에 있을 수밖에 없다는 사실을 온전히 깨닫는다면, 물론 전에는 몰랐던 새로운 슬픔을 발견하게 될 것입니다. 그러나 이러한 슬픔이야말로 교회를 거룩하게 하고 세상으로부터 교회를 지키기 위해 가장 효율적인 기능을 할 것입니다.

과부가 된 교회는 낯선 땅에서 객이 되었습니다. 외롭고 의지할 곳이 없으며 세상의 향락이나 즐거움과도 단절되어 있습니다. 또한 사랑하는 사람은 아주 멀리 떠나 있습니다. 이러한 결별은 옛 성도의 말처럼 '거대한 산이 되어 그녀의 마음을 짓누릅니다.' 그래서 그녀는 간절히 그와 함께 있고 싶어하면서 그와 다시 만날 날을 고대합니다.

그런데 이 모든 삶은 비록 슬프지만 그녀를 더욱 깨끗하고 진지하게 만듭니다. 그것은 그녀가 날마다 져야 하는 짐이며 평생 지속되는 부담이지만 상관없습니다. 그것은 그녀로 하여금 세상의 줄을 놓고 하늘로 향하게 합니다. 그리고 세상에 대한 모든 소망을 끊게 합니다. 그리하여 두 번 다시 헤어짐이 없는 연합, 다시 만나 영원히 함께할 피로연을 준비하게 합니다.

***

이 외에도 고난당하는 교회에 관한 비유는 많지만 이것만으로도 충분합니다. 이러한 비유들은 우리가 처해 있는 상태를 올바로 이해하게 하며, 땅 위에서 당하는 환난 외에는 아무것도 바라지 않도록 우리를 이끌어 줍니다.

  이것은 결코 이해할 수 없는 일이 아닙니다. 푸른 곡물을 볶아 찧는 것은 조금도 이상한 일이 아닙니다. 금을 쳐서 스랍을 만드는 것도 절대로 낯선 일이 아닙니다. 또한 신랑이 없을 때 신부가 슬퍼하는 것 역시 결코 신기한 일이 아닙니다.

형제들아, 주의 이름으로 말한 선지자들을 고난과 오래 참음의 본으로 삼으라.
보라, 인내하는 자를 우리가 복되다 하나니,
너희가 욥의 인내를 들었고 주께서 주신 결말을 보았거니와
주는 가장 자비하시고 긍휼히 여기시는 이시니라
야고보서 5장 10,11절

PART 3

고난의 목적

- ▶ 자신에 대한 내적 성찰
- ▶ 책망
- ▶ 성결
- ▶ 각성
- ▶ 진지함의 회복
- ▶ 경고성 징계

CHAPTER **07**

자신에 대한 내적 성찰

사기 자신만큼 많은 착각과 실수를 일으키게 하는 대상도 없습니다. '만물보다 심히 거짓되고 부패한 것'이 마음이며, 더구나 '죄의 거짓됨과 부패'는 불가사의한 것으로서 찾아낼 수도 없습니다. 그러므로 이러한 마음의 거짓됨과 죄의 거짓됨이 결합하는 것이 자신에 대한 무지로 이어질 수밖에 없다는 사실에 대해 조금도 놀랄 필요가 없습니다. 게다가 우리에게는 죄의 거짓과 부패를 찾으려는 의지조차 없습니다. 그러한 성찰이 가지고 올 결과를 두려워하기 때문입니다.

물론 죄 사함을 받았다는 의식으로 인하여 이러한 거리낌은 상당 부분 해소되기도 합니다. 빛으로 인해 드러난 부패의 정도가 아무리 심각할지라도 그것이 하나님과의 단절을 가져오지는 않는다는 확신을 가진 이상, 적어도 우리는 최악의 상황에 대한 두려움 때문에 그것을 피하려고 하지는 않습니다. 하나님과 함께라면 어떤 상황도 문제가 되지 않습니다.

우리에게 뿌린 피가 하나님이 우리에게 두 번 다시 진노하실 수 없도록 만들어 놓았습니다. 따라서 죄 사함 받은 자의 복에 대한 지식을 어느 정도 가지고 있는 자라면, 적어도 그의 영은 '조금도 거리낌이 없습니다.'

이제 우리는 하나님과 우리 자신에 대해 아무것도 숨길 필요가 없습니다. 또한 우리는 거리낌이 없으며 솔직하고 정직합니다. 그럼에도 불구하고 자신에 대한 내적 성찰은 여전히 고통스러운 작업입니다. 그래서 우리는 가능한 그 일을 뒤로 미루려고 합니다.

그것은 우리에게 충격과 수치를 안겨 줄 수많은 것들을 빛으로 드러나게 할지도 모릅니다. 비록 우리를 정죄에 이르게 할 수는 없을지라도 그러한 내적 성찰은 여전히 우리에게 막강한 죄의 영향력이 남아 있다는 사실을 경고할지도 모릅니다. 그래서 우리는 아직도 우리에게 붙어 있는 악에 대해 성찰하기를 주저하는 것입니다. 심지어 우리는 자신에게 이러한 악이 있다는 사실조차 인정하지 않으려고 합니다.

우리는 자신에 대해 잘 모릅니다. 우리는 죄에 대해서도 매우 피상적으로만 인식하고 있으며, 영과 육의 갈등에 대해서도 생각처럼 맹렬하거나 심하지는 않다고 생각합니다. 그리고 자신이 수많은 죄의 굴레에서 완전히 벗어났을 뿐 아니라 남아 있는 죄의 세력에서도 적절한 방식으로 신속하게 벗어나고 있는 중이라고 생각합니다.

우리는 내면에 잠복해 있는 죄의 깊이에 대해서도 측량해 본 적이 없으며, 자신이 얼마나 가증한 자인지를 밝히려는 시도조차 해 본 적이 없습니다. 단지 천국을 향하여 순탄한 여정을 하는 가운데서 이따금씩 '우리의 여정이 왜 옛 성도들과 다를까' 라는 의구심을 가질 뿐입니다.

또한 우리는 자신의 부패성을 상당 부분 극복했다고 생각합니다. 우리의 옛사람은 이미 십자가에 못 박혔으며, 죽은 것처럼 보입니다. 만약 죽은 것이 아니라면 적어도 우리를 기만하기 위하여 죽은 척하는 것입니다.

우리의 욕망은 줄어들었고 우리의 성품은 훨씬 나아졌으며, 우리의 영혼은 전보다 평온하고 차분해졌습니다. 우리의 요새는 든든히 서 있으며, 우리는 '결코 요동치 않을 것' 이라고 노래합니다. 또한 우리는 어느 정도 자아와 죄를 극복하고 승리한 것처럼 보입니다. 그러나 실상 우리는 소경입니다. 자신에게 완전히 속고 있는 것입니다.

어느 날 갑자기 우리를 찾아온 시련은 마치 먹구름과 같이 우리를 휩쓸고, 우박처럼 휘몰아쳐서 우리를 좌절과 실의에 빠뜨렸습니다. 그러자 마치 외부의 소란에 반응이라도 하듯이 옛사람이 다시 살아나 더욱 사나운 기질을 분출하였습니다.

우리는 마치 하늘의 사방 바람이 풀려나 우리의 깊은 내면에 사정없이 휘몰아치는 듯한 느낌을 받습니다. 요새와 같은 마음에는 불신이 생기고, 영혼 깊은 곳에서는 도처에서 반역이 고개를 들고, 죽은 것처럼 보였던 정욕이 다시 활개를 칩니다.

우리는 이처럼 놀라운 상황 앞에서 어찌할 바를 모르고 당황하기 시작합니다. 어제까지만 해도 상상도 할 수 없었던 일이 일어난 것입니다. 실로 우리는 하나님이 그렇게 허락하실 때까지 죄의 힘이나 마음 속에 있는 악에 대해 무지하였던 것입니다.

이것이 바로 하나님께서 이스라엘을 다루시는 방식입니다. 그분은 이 목적을 이루기 위해 그들을 광야로 몰아내셨습니다.

"네 하나님 여호와께서 이 사십 년 동안에 네게 광야 길을 걷게 하신 것을 기억하라. 이는 너를 낮추시며 너를 시험하사 네 마음이 어떠한지 그 명령을 지키는지 지키지 않는지 알려 하심이라"(신 8:2).

하나님은 광야의 시련을 통해 그들을 시험하셨고, 이 시험을 통해 그들이 가진 많은 허물이 드러났습니다. 이전에는 알지 못하였던 숨은 죄가 수없이 드러난 것입니다. 시련이 악을 만들어 낸 것이 아닙니다. 시련은 단지 겨울잠을 자고 있던 뱀처럼 인식하지도, 느끼지도 못하였던 존재를 노출시켰을 뿐입니다.

계속해서 마음의 깊은 샘이 터지고, 지옥과 같이 검고 더러운 온갖 것들이 쏟아져 나왔습니다. 사막의 바람 가운데서 애굽의 풍성함을 떠올릴 때 그들에게서 반역, 불신, 원망, 무신론, 우상 숭배, 고집, 자만심, 쾌락 추구와 같은 것들이 흘러나왔습니다. 그들은 이렇게 시험을 받았던 것입니다.

오늘날의 성도도 마찬가지입니다. 하나님은 내면에 숨어 있는 악을 드러내기 위해 우리를 연단하십니다. 하나님께서 우리의 가장 약한 부분에 채찍질을 하시면 우리는 곧바로 반기를 듭니다. 그리하여 우리의 육, 옛사람이 큰 상처를 받고 즉시 살아나 이전의 힘을 발휘합니다. 자고 있을 때는 몰랐지만 그것이 깨어 일어나자 우리는 여전히 살아 있는 그 힘에 전율하게 됩니다.

바다가 '요동'하는 한 '그 물이 진흙과 더러운 것을 늘 솟구쳐 내는'(사 57:20) 것을 멈추지 않을 것입니다. 바다가 잔잔할 때에는 모든 것이 맑고 깨끗하며 청명하고, 푸른 물결만 넘실대는 것처럼 보입니다. 그러나 바람이 불면 가장 깊은 곳에서부터 소용돌이가 치면서 모든 것이 돌변합니다.

성도의 삶에서도 이러한 모습을 발견할 수 있습니다. 시련과 환난이 폭풍처럼 몰아치면 마음속 깊은 곳에 숨어 있던 악이 살아납니다. 그것은 바로 우리가 이전에 인식하지 못했던 죄입니다. 우리의 마음은 온갖 악을 쏟아 낼 뿐만 아니라 하나님에 대한 완악한 생각으로 가득 차 있습니다.

우리는 자제력을 잃고 무신론적인 불평과 원망을 쏟아 내면서 그분의 지혜와 사랑에 대해서도 의구심을 드러냅니다. 그렇게도 분명한 형태로 매 순간 나타났건만 "사랑과 지혜의 하나님이 어떻게 그러실 수 있습니까?"라고 반문합니다. 하나님께서 우리를 그렇게 다루시리라고는 생각하지도 못하였던 것입니다.

불신과 의혹으로 가득 찬 우리는 그분의 뜻을 좇지 않으려고 합니다. 그토록 심한 징계와 고통을 인정할 수 없는 것입니다. 우리의 마음은 마치 얼마 동안 하나님에 대해 악한 생각만 할 뿐 좋은 생각은 하지 않겠다고 결심한 것처럼 보입니다. 그러다가 이윽고 평정이 찾아오고 자신의 반역에 대해 수치심과 두려움을 느끼지만, 그럼에도 불구하고 우리의 마음속에는 여전히 악이 도사리고 있습니다.

우리는 이러한 과정을 통해 근원을 알 수 없는 악의 깊이에 대해 배웁니다. 그리고 한편으로는 놀랍고도 불가사의한 우리의 죄성에 대해, 또 한편으로는 하나님의 한량없으신 은혜에 대해 더욱 깊은 통찰력을 얻습니다. 또한 보혈의 샘을 더욱 귀히 여기며 다시 한번 보호하심을 입기 위해 그분의 의에 호소하게 됩니다.

옛 성도들이 시험을 받을 때 일반적인 죄 외에 우리가 전혀 예상하지 못하였던 죄가 드러난 것은 놀라운 사실이 아닐 수 없습니다. 예를 들어 우리는 노아가 평생 경건하고 절제된 삶을 살았을 것이라고 생각합니다. 그는 사치스럽고 관능적이며 향락적인 세계에 홀로 남아 그들의 음란하고도 퇴폐적인 삶을 정죄하였습니다. 그러나 얼마 지나지 않아 그는 유혹에 빠질 수 있는 환경에 처하게 됩니다. 바로 술에 취했던 것입니다.

아브라함 역시 용기 있는 신앙의 사람이지만 애굽과 그랄에서 그의 신앙은 여지없이 무너지고 말았으며, 두려움으로 인하여 거짓말을 하게 됩니다. 롯은 무법하고도 음란한 소돔에서 살면서 그들의 가증함으로 인해 의로운 심령에 큰 상처를 받았으나 소돔의 멸망에서 벗어나자마자 그들과 마찬가지로 술과 욕정에 빠져 들었습니다.

욥은 인내의 사람이었으나 고난을 당할 때에 조급함을 견디지 못하였으며, 모세는 지면에서 가장 온유한 자였으나 분노를 이기지 못하고 '그의 입술로 망령되이'(시 106:33) 말하고 말았습니다.

다윗은 이스라엘에서 여호와의 전쟁을 가장 용감하게 수행한 사람 중 한 명으로서, 물맷돌 하나로 골리앗과 맞서 싸웠습니다. 그러나 사울을 피해 가드의 아기스 왕을 찾아갔을 때 그의 용기는 사라지고 대적을 두려워하여 그 앞에서 미친 체하였습니다.

엘리야는 왕들 앞에서 두려움 없이 심판을 선포하였으며, 하늘을 닫고 여호와의 칼을 휘둘렀으며, 혼자서 수만 명의 군사와 맞선 자입니다. 그러나 그는 한 여인의 위협을 두려워하여 모든 것을 포기하고 죽기를 구하였습니다. 에스겔은 경건함과 순종으로 빛나는 성품을 지녔지만, 이스라엘에 대한 심판을 전하라는 하나님의 명령에 의외로 불순종적인 태도를 보였습니다.[1]

베드로는 주님을 따르는 마음이 특심하였으나 나중에는 그분을 정면으로 부인하였습니다. 요한은 온유와 사랑의 면에서 주님과 가장 닮은 성품을 지녔으나 하늘로부터 불을 내려 사마리아를 태워 버리자고 구하기도 하였습니다.

도대체 인간이란 어떤 존재입니까? 시험을 통해 드러난 인간, 특별히 성도의 마음이란 어떤 것입니까? 존 베리지(John Berridge)는 자신에 대해 "오, 마음이여 마음이여, 너는 도대체 누구란 말인가? 어리석고 불합리한 덩어리, 세상에서 가장 헛되고 간사하며 악하고 어리석은 것이 바로 너로구나"라고 말했습니다.

영혼의 깊은 곳을 휘저으면 깊이 숨은 악과 이기심, 자만심과 못된 성품과 세속적인 것들이 얼마나 많이 쏟아집니까?

---

1. 겔 3:14 주의 영이 나를 들어 올려 데리고 가시는데 내가 근심하고 분한 마음으로 가니 여호와의 권능이 힘 있게 나를 감동시키시더라.

욥은 얼마나 오랫동안 하나님에 대한 순전함과 확신을 견지하면서 인내하였습니까? 그는 계속되는 고통과 시련으로 지쳤지만 절망과 눈물 가운데서도 오직 하나님께만 영광을 돌렸습니다. 그 시련이 그의 자아의 내면 깊은 곳까지는 이르지 못한 것입니다.

그러나 끔찍한 질병이 그를 거름 더미에 앉히고 친구들이 그를 조소하면서 하나님 앞에서 죄인으로 몰아세우자 그의 신앙과 인내는 굴복하고 말았습니다. 그의 존재 깊은 곳이 침략을 당하여 시험대 위에 드러나자 그의 조급함과 불신이 거침없이 쏟아져 나왔습니다. 날카로운 화살이 그의 내면 가장 깊숙한 곳을 관통한 것입니다.

그러나 그때에도 하나님은 그를 돌아보지 않으셨습니다. 그는 병상에까지 이르러야 했으며, 그 실상이 낱낱이 빛으로 드러나야 했던 것입니다.

성도의 마음에서 드러난 모든 죄악 가운데 가장 악하고도 흔한 죄가 하나님에 대한 완악한 마음입니다. 그러나 누가 그것을 예상이나 했겠습니까?

사실 믿지 않던 시절에 우리의 영혼은 이러한 것들로 가득 차 있었습니다. 하나님에 대한 우리의 생각은 모두 악할 뿐이었습니다. 그러나 성령께서 우리의 마음에 강력한 변화의 역사를 일으키셨습니다. 즉, 그분은 하나님이 얼마나 우리를 선하게 대하셨는지를 보여 주심으로써 그분에 대한 우리의 생각을 바꾸신 것입니다.

복음이 우리에게 제시하는 사랑에 관한 놀라운 이야기는 우리의 마음을 사로잡았고 지금까지의 불신앙을 부끄럽게 만들었습니다. 그때 우리는 다시는 하나님에 대해 악한 생각을 품지 않겠다고 고백하였습니다. "그가 나를 죽이실지라도 나는 그를 의지하리라." 우리는 어떠한 고난도 우리로 하여금 그분께로 한 걸음 더 다가서게 할 뿐이라고 생각하였습니다.

그러나 그분의 징계가 시작되자마자 즉시 우리의 옛 생각이 다시 살아납니다. 우리는 왜 하나님이 우리를 이렇게 다루시는지 궁금해하면서 그분의 사랑과 신실하심에 대해 의심합니다. 또한 그분의 은혜를 붙들고 있는 손이 느슨해지고 때로는 완전히 놓아 버린 것처럼 보이기도 합니다.

우리는 마치 시들어 버린 박 넝쿨을 들고 있는 요나와 같습니다. 죽기까지 화를 내는 것이 당연하다고 생각합니다. 지금 우리 앞에 계신 하나님은 우리가 처음 믿을 때, 그분의 은혜로우신 손길로부터 죄 사함을 받을 때의 그 사랑의 하나님이 아닌 것 같습니다.

결국 우리의 마음은 배신의 의도를 드러냅니다! '아무 조건 없이 하나님을 섬기려는' 의도가 없음이 드러나는 것입니다. 그러자 하나님은 우리를 타이르시면서 "네가 성내는 것이 어찌 옳으냐"(욘 4:9 참고)라고 물으십니다.

이 질문이 우리의 입을 영원히 닫게 만들어야 하지 않겠습니까? 여러분은 하나님께서 여러분의 모든 죄를 용서하시고, 동에서 서가 먼 것처럼 여러분의 죄를 던져 버리셨는데도 어떻게 화를 내거나 낙담할 수 있습니까?

여러분은 이 악한 세상과 앞으로 다가올 진노에서 구원을 받고, 예수와 함께 구원의 반석 아래 숨어 있으면서도 화를 냅니까? 여러분은 아버지의 사랑과 아들의 나라를 영원한 기업으로 받았는데도 화를 냅니까? 밤이 깊고 새날이 가까워 멀리 동녘 하늘에 노을이 지고 샛별이 여명을 밝힐 준비를 하는데도 어떻게 화를 낼 수 있습니까?

CHAPTER 08

책망

고난에 관해 잘 알려진 두 개의 본문에 사용된 단어에 주목할 필요가 있습니다.

"또 아들들에게 권하는 것같이 너희에게 권면하신 말씀도 잊었도다. 일렀으되, 내 아들아, 주의 징계하심을 경히 여기지 말며 그에게 '꾸지람(rebuke)'을 받을 때에 낙심하지 말라"(히 12:5).

"무릇 내가 사랑하는 자를 '책망(rebuke)' 하여 징계하노니 그러므로 네가 열심을 내라. 회개하라"(계 3:19).

이 단어의 의미와 함께 다른 몇몇 본문을 비교해 보면 더욱 분명한 통찰력을 얻을 수 있습니다. 마태복음 18장 15절에는 이와 동일한 단어가 사용됩니다.

"네 형제가 죄를 범하거든 가서 너와 그 사람과만 상대하여 권고(책망)하라. 만일 들으면 네가 네 형제를 얻은 것이요."

요한이 헤롯을 '책망하였다'라고 기록하고 있는 누가복음 3장 19절 말씀과 "그가 와서 죄에 대하여, 의에 대하여, 심판에 대하여 세상을 '책망'하시리라"라고 기록한 요한복음 16장 8절 말씀도 이와 마찬가지입니다.

우리는 이러한 표현에서 '책망'이란 단순히 하나님의 불쾌하심을 담고 있는 엄격한 말이나 표정이 아니라, '잘못에 대한 권면', 즉 죄를 꾸짖거나 인식시키는 것을 의미한다는 사실을 알 수 있습니다. 이것이 바로 하나님께서 우리의 잘못을 지적하시는 방법이자 자신을 기쁘게 하지 못하는 것에 대해 우리의 주의를 환기시키시는 방법입니다. 우리가 그러한 잘못을 시정하지 않을 경우에 하나님이 우리를 징계하시는 것입니다.

책망은 징계보다 부드러운 의미를 지닙니다. 이런 차원에서 이 단어에 접근하는 것이 중요합니다. 이와 관련하여 요한계시록에 기록된 바와 같이 그리스도께서 아시아의 각 교회들에게 주신 말씀이 가장 좋은 예인 것 같습니다. 본문의 진가(眞價)가 바로 여기에 있습니다. 즉, 본문은 우리에게 교회를 책망하시는 예수님의 마음이 어떠한지를 보여줍니다.

본문이 우리에게 어떠한 통찰력을 주는지 말씀에 귀를 기울여 봅시다. 예수님은 에베소교회의 사자에게 이렇게 책망하십니다.

"그러나 너를 책망할 것이 있나니 너의 처음 사랑을 버렸느니라. 그러므로 어디서 떨어졌는지를 생각하고 회개하여 처음 행위를 가지라. 만일 그리하지 아니하고 회개하지 아니하면 내가 네게 가서 네 촛대를 그 자리에서 옮기리라"(계 2:4,5).

마찬가지로 그분은 버가모교회를 책망하십니다.

"그러나 네게 두어 가지 책망할 것이 있나니 거기 네게 발람의 교훈을 지키는 자들이 있도다. 발람이 발락을 가르쳐 이스라엘 자손 앞에 걸림돌을 놓아 우상의 제물을 먹게 하였고 또 행음하게 하였느니라……그러므로 회개하라. 그리하지 아니하면 내가 네게 속히 가서 내 입의 검으로 그들과 싸우리라"(계 2:14,16).

다른 교회에 대한 책망도 이 단어의 의미와 관련하여 동일한 통찰력을 제공하지만 이것으로도 충분합니다.

이러한 말씀들은 주님의 책망에 사용된 언어나 방식이 매우 부드럽다는 사실을 보여 줍니다. 그것은 매우 신실하면서도 얼마나 섬세하고 부드러우며 온화한지요! 본문에 사용된 어휘나 방식은 무엇이 잘못인지를 명확하고 솔직하게 지적하면서도 가장 상처를 주지 않는 어휘를 통해 가장 효율적인 방식으로 제시합니다.

예수님은 먼저 모든 교회에 대해 과거에 행한 훌륭한 업적이나 행위를 거짓 없이 칭찬하면서 시작하십니다. 그것은 마치 가능한 칭찬하고 싶어하시며, 되도록이면 책망을 피하고 싶다는 주님의 의도를 보여 주는 듯합니다.

하늘로부터 오는 그분의 음성을 듣노라면, 우리는 한때 바리새인 시몬의 집에서 하셨던 그분의 나지막하고도 온화한 말씀을 듣고 있는 듯합니다. 예수께서는 자신의 발을 씻기고 있는 여인에 대해 악한 생각을 가지고 뒤에 서 있던 바리새인 시몬을 책망하시기 위해 온화한 음성으로 "시몬아, 내가 네게 이를 말이 있다"(눅 7:40)라고 말씀하셨습니다.

그러나 이렇게 온화하고도 사랑스러운 책망에는 신실함과 엄숙함이 담겨 있습니다. 그것은 우리에게 아무것도 숨기지 않는다는 점에서 신실합니다. 주님의 음성은 부드럽지만 분명한 의도와 목적을 담고 있습니다. 그분의 말씀은 우리가 품고 있는 죄를 구체적으로 지적합니다. 그리고 그분의 책망은 매우 엄숙합니다.

물론 그것은 진노의 책망이 아닙니다. 진노는 이미 지나갔기 때문입니다. 그러나 그 책망은 우리로 하여금 경외심을 갖게 합니다. 사랑의 책망은 진노의 책망과 마찬가지로 엄숙합니다. 사랑하는 자식을 향한 부모의 책망도 그러할진대 천지를 지으신 하나님의 책망은 얼마나 엄숙하겠습니까?

하나님의 책망은 다양합니다. 어떤 것은 가볍고 어떤 것은 무겁습니다. 그러나 어느 쪽이든 그분의 손은 언제나 죄를 가리키고 있으며, 우리가 그것으로부터 돌아서야 한다는 자신의 뜻을 분명하게 제시하십니다.

우리는 종종 가벼운 책망에 대해 거의 주의를 기울이지 않는 잘못을 범하기도 합니다. 일시적인 고통이나 슬럼프, 가벼운 질병, 사소한 집안 걱정, 경미한 사고, 사랑하는 사람과의 일시적인 이별, 예상치 못한 언어적 상처, 작은 실망이나 분노와 같은 것들은 모두 가벼우면서도 부드러운 책망에 해당합니다. 이러한 책망은 비록 강력하지는 않지만 하나님의 뜻을 분명히 드러낸다는 점에서 결코 가볍게 넘겨서는 안 됩니다.

　이러한 것들은 대수롭지 않고 통상적이어서 우리의 주의를 끌지 못하기 때문에 자칫 간과하기가 쉽습니다. 그러나 우리는 이러한 것들에 대해 세심한 주의와 관심을 기울여야 하며, 오랫동안 깊이 생각해 보아야 합니다.

　가벼운 책망을 경시하는 것은 참으로 이해하기 어렵습니다. 이러한 책망의 진가를 제대로 아는 사람에게는 그것만큼 소중하고도 감동적인 것이 없습니다. 잦은 꾸지람은 우리로 하여금 습관적 타성에 젖게 하며, 이러한 타성은 그것들을 경시하게 만드는 요인으로 작용합니다. 이것은 참으로 안타까운 일이 아닐 수 없습니다.

　책망이 잦다는 것은 우리를 위한 하나님의 끊임없는 수고와 고통을 보여 주며, 경계에 경계를 더하고 교훈에 교훈을 더하는 것임을 말해 주지 않습니까? 왜 우리는 하나님의 지칠 줄 모르는 열심이자 끊임없는 경고인 동시에, 우리의 평강을 위한 강력한 열망을 담고 있는 그분의 책망을 경시합니까?

　이러한 빈번하고도 가벼운 책망이 지니는 온화한 특성 역시 그러한 책망을 경시하게 만드는 경향이 있습니다. 우리의 마음이 왜 그렇게 간사한지 참으로 이해할 수 없습니다. 책망이 가볍고 온화하다고 해서 하나님의 손이 우리에게 개입하신다는 사실을 부인해서는 안 될 것입니다. 아마도 책망이 엄중하고 가혹했다면 이것을 쉽게 인식했을 것입니다. 그러나 그것이 가볍고 부드럽기 때문에 세심한 주의를 기울일 필요성조차 느끼지 못하는 것입니다.

이 문제에 관해서는 경솔한 세상보다 하나님의 성도들을 통해 주시는 권면이 필요하다고 생각합니다. 우리가 관심의 초점을 맞추어야 할 대상은, 비록 지금까지 거의 무시되어 왔지만 날마다 우리의 주의를 환기시켜 왔던 일상적인 사건들입니다.

우리는 고열로 쓰러져 온몸의 힘이 소진되고 우리의 생명이 절망적인 상황에 처해야만 비로소 "이는 하나님의 권능이요 그의 책망이로다"라고 말합니다.

그러나 특별한 위험이나 큰 고통이 따르지 않는 감기나 경미한 상처로 끝나는 책망에는 하나님의 역사하심을 인정하지 않으려고 하거나 설사 인정한다고 해도 특별한 관심이나 주의를 기울이지는 않습니다. 우리는 고통이 적을 경우에는 그것을 경시할 뿐만 아니라 그것이 하나님에게서 왔다는 사실조차 잊어버립니다. 이런 식으로 우리는 그분의 책망을 '멸시'하는 것입니다.

그렇다면 그 결과는 무엇입니까? 우리는 더욱 심한 징계를 받을 수밖에 없습니다. 우리가 하나님께서 우리를 더욱 엄중한 방식으로 다루시도록 도전하는 것입니다. 그분의 책망에 주의를 기울이지 않음으로써 더 큰 징계를 자초한 것입니다. 이제 우리에게는 더욱 엄중한 시련만이 남아 있습니다.

우리는 이러한 사실을 결코 잊어서는 안 됩니다. 불가피하게 고통을 불러들인 것은 다름이 아니라 우리의 완고함과 태만입니다. 고통 자체는 결코 바람직한 것이 아니며, 피할 수만 있다면 피하는 것이 좋습니다. 우리가 고통을 당하는 것은 결코 하나님의 뜻이 아닙니다. 다만 우리가 그분에게 고통을 허락하시도록 강요할 뿐입니다. 우리가 받은 고난 가운데 많은 것들은 우리가 조금만 주의를 기울이고 믿음으로 행하였다면 피할 수 있는 것들이었습니다.

하나님은 가능한 천천히, 그것도 어쩔 수 없이 징계의 손을 뻗으십니다. 그리고 그것마저도 얼마 동안은 가장 약하고 온화한 방식으로 행하십니다. 자신의 꾸지람을 암시하시거나 부드럽게 속삭이시는 것입니다.

하나님은 가혹한 방식을 가장 싫어하십니다. 그래서 오랫동안 참으시면서 가능한 징계를 늦추십니다. 또한 다른 방법을 사용해 보려고 하십니다. 그래서 먼저 가벼운 시련을 통해 우리에게 자신을 성찰하고 회개할 기회를 주심으로써 더욱 중한 징계의 고통을 겪지 않게 하려고 하십니다.

그러나 우리가 그러한 가벼운 시련에 소홀히 대처한다면, 결국 하나님은 우리가 그냥 지나치거나 놓쳐 버릴 수 없는 방식을 사용하십니다. 목소리를 높이시는 것입니다. 이렇게 하나님께서도 원하지 않으시는 고난의 잔을 우리가 부득불 채우려 한다면 이 얼마나 안타까운 일입니까?

그러므로 우리는 하나님의 책망하시는 음성에 귀를 기울여야 합니다. 그분의 '나지막한 음성'을 마치 천둥이나 지진과 같은 큰 음성으로 들어야 합니다. 또한 가벼운 시련이 지니는 의미와 그것의 용례(用例)에 대해서도 배워야 합니다.

비록 그것이 아무리 가볍고 일시적인 고통이나 슬픔이라고 하더라도 그것을 진지하게 고려할 필요가 없는 하찮은 것이라고 생각해서는 안 됩니다. 그 고통과 슬픔은 우리를 더 큰 고통에서 건져 줄 수도 있고, 우리에게 단순하고도 유쾌한 방식으로 많은 교훈을 줄지도 모릅니다. 아무리 사소한 것일지라도 모든 문제에는 축복의 향기가 담겨 있습니다.

그런데도 그것을 무시하거나 떨쳐 내려 합니까? 그것은 하나님께 가까이 나아가 그분의 사랑을 더욱 깊이 깨달을 수 있는 새로운 기회입니다. 그렇다면 그러한 고난을 경시하는 것은 얼마나 어리석고도 악한 행동이겠습니까?

하나님은 우리에게 "이 가벼운 십자가를 지라. 그리하면 더 무거운 십자가가 필요 없다"라고 말씀하십니다. 그러나 우리는 귀를 기울이지 않습니다. 우리의 그러한 태도 때문에 우리는 얼마나 큰 희생을 자초하는지요!

그런데 우리가 귀를 막는 대상은 비단 가볍고 사소한 것들만은 아닙니다. 우리는 무거운 징계에 대해서도 주의를 기울이지 않으며, 그 결과 더욱 엄중한 징계를 초래하게 됩니다.

우리가 시련을 극복할 때 일반적으로 사용하는 방식은 우리의 마음을 아프게 합니다. 그것은 순간적인 감정의 폭발로 나타나기도 하고, 때로는 재앙이 지나간 후에도 한동안 그러한 감정이 되풀이되기도 합니다. 그러나 가장 바람직한 방법은 시련을 마음속에 진지하게 새기는 것입니다. 그 일을 마음에 깊이 새기는 것과 걷잡을 수 없는 슬픔과 실의에 빠져 드는 것은 전혀 다릅니다.

시련에 굴복한 자는 종종 감정의 격랑이 되풀이되는 사이에 모든 것을 잊고 즐겁게 지내기도 합니다. 그러나 이러한 불균형적인 기복은 본질적으로 자신의 영혼에도 나쁜 영향을 줄 뿐만 아니라 시련이 지닌 긍정적인 영향마저 무색하게 만들어 버림으로써 결국 또 한 번의 더욱 강한 재앙을 초래하게 됩니다.

우리는 하나님께서 집요하게 역사하시는 모습을 종종 볼 수 있습니다. 그것은 대체로 연속적인 충격이 꼬리를 물고 이어지거나 단 한 번의 고통이 오랫동안 지속되는 모습을 하고 있습니다.

그러나 '하나님께서 우리를 인도하실 때 그분을 버렸다는 점에서 결국 징계를 초래한 자'는 우리 자신입니다. 잔잔한 파도가 연이어 불어닥칠 때 우리는 폭풍을 요구하였으며, 우리의 완고함이 그것을 지속시켰을 뿐만 아니라 거의 죽음 직전에까지 이르게 할 만큼 더욱 큰 파도를 자초한 것입니다.

만일 우리가 즉시 하나님께 굴복하여 그분이 원하는 복을 주시도록 했다면, 파도는 한 번으로 족하였을 것이며, 폭풍도 벌써 멈추었을 것입니다.

그러나 이 모든 과정에서도 우리는 하나님의 위로를 발견합니다. 우리의 어리석음이 항해를 어렵게 만들기는 하지만 여전히 우리의 항로는 본향을 향하고 있습니다. 수많은 파도와 바람은 오직 가나안이라는 한 방향을 향하고 있으며, 때로는 바람 한 점 없는 평온한 날의 수평선보다 휘몰아치는 폭풍의 꼭대기에서 장차 건너가야 할 땅을 어렴풋이 보기도 합니다.

그것은 캄캄한 폭풍을 밝게 하며 모든 두려움을 없애 줍니다. 비바람이 아무리 맹렬할지라도 본향으로 향하고 있다는 사실을 알기 때문입니다. 아무리 거친 풍랑이라고 해도 그것은 오히려 소원의 항구로 향하는 우리의 걸음을 재촉할 뿐입니다.

CHAPTER 09

성결

징계는 죄를 전제로 합니다. 그러나 고난의 경우에는 개인적인 죄나 더러움이라는 것과는 무관합니다. 예수님도 고난을 당하셨으며 '받으신 고난으로 순종함을 배우셨습니다.' 그러나 징계는 죄를 전제로 합니다.

실제로 어떤 사람들은 예수께서 '고난을 통해 온전하게 되셨기' 때문에 징계라는 단어를 예수님에게 적용하기도 합니다. 그러나 이것은 어디까지나 인간으로 오셔서 우리를 체휼하시고 '자기를 기쁘게 하지 아니하며' 아버지의 뜻을 행하는 자로 나타나시기 위한 연단, 또는 '고난의 사람'이라는 이름으로 불리기 위한 것이지 결코 다른 의미는 없습니다. 그분은 모든 면에서 우리와 한결같이 시험을 받았으나 죄는 없으십니다.

그러나 우리는 전혀 다릅니다. 자그마한 금속 막대기가 번개를 유도

하듯이, 징계를 끌어들이는 것은 바로 우리 속에 거하는 죄입니다. 물론 우리의 모든 죄는 사함을 받았습니다. 우리는 십자가를 바라봄으로써 용서를 받았습니다. 또한 우리는 예수 안에 거하는 신자이기에 우리에게는 결코 정죄함이 없습니다.

그러나 육신의 정욕은 여전합니다. 옛사람이 여전히 우리 가운데 역사합니다. 그래서 "죄악이 나를 이겼사오니"(시 65:3)라고 고백할 수밖에 없습니다. 우리가 모든 죄에서 깨끗함을 받았음에도 불구하고 여전히 죄가 우리에게 달라붙어 있습니다. 양심의 깨끗함을 받았음에도 불구하고 우리의 본성은 여전히 부패한 상태에 있습니다. 징계는 이와 같이 용서함을 받았지만 여전히 우리 안에 자리 잡고 있는 죄를 향합니다.

금과 은을 풀무 속에 던지는 것은 그 속에 불로 태워 없애야 할 불순물이 있기 때문입니다. 불순물이 없다면 풀무나 불이나 제련업자의 수고가 필요 없을 것입니다. 이러한 것들은 불순물을 제거하기 위해 필요한 수단일 뿐입니다.

여호와께서 심판의 때에 세상을 불로 태우신다는 것은 이 땅에 죄가 남아 있음을 반증합니다. 이 세상에 죄가 없다면 불로 정화할 필요가 없습니다. 그러나 악을 태우고 뱀의 흔적을 지워 버려야 합니다. 그러므로 하나님의 보시기에 아름답고 거룩한 자들이 거하기에 합당한 영화롭고도 새로운 창조를 위해 세상을 풀무 속에 던져 모든 타락의 흔적을 완전히 제거해야 합니다.

징계도 마찬가지입니다. 그것은 죄와 관련됩니다. 죄가 없다면 징계도 필요 없을 것입니다. 하늘에는 징계도 없고 죄도 없습니다. 천사들은 죄를 모르기 때문에 징계에 대해서도 모르며, 다만 멀리서 바라볼 뿐입니다. 천사들은 인간 세상에 대한 비극적인 이야기를 듣습니다. 그리고 교회의 환난을 목격합니다. 그러나 그것이 전부입니다. 징계는 죄가 있는 곳에만 존재하기 때문입니다.

이 땅에 징계가 존재한다는 것은 곧 하나님께서 "내가 이 땅에서 죄악을 보았다"라고 말씀하시는 것과 같습니다. 누군가가 이러한 징계의 고통을 당한다면, 그것은 곧 "내가 너의 죄를 보았다"라는 하나님의 음성을 듣고 있는 것입니다.

여기에서 개인의 특정한 죄의 결과로 인한 구체적인 시련의 사례에 관해 다루지는 않겠지만, 많은 경우에 있어서 우리는 이러한 인과관계를 규명할 수 있습니다. 그러나 확신이 서지 않는 경우도 많습니다. 그러므로 고난 가운데서 하나님께서 구체적으로 어떤 죄를 지목하시는지를 물어볼 수는 있겠지만, 그렇다고 죄의 몸 전체에 주의를 기울여 그것과 싸우려는 것이 아니라, 배타적인 한두 개의 죄에만 초점을 맞추는 것은 옳지 않습니다.

또한 징계는 죄를 제거하시기 위한 하나님의 결심을 전제합니다. 그것은 죄에 대한 증오의 표현이자 죄로부터 구원하시려는 하나님의 목적을 보여 줍니다. 하나님이 원하시는 것은 우리의 성결이며, 어떠한 희생을 치르고서라도 그 일을 달성하기로 결심하셨습니다. 그분은 죄를 참고 보실 수 없기 때문에 그 일을 반드시 이루실 것입니다.

죄를 쫓아낼 수만 있다면 고통이 대수이겠습니까? 우리의 본성에서 평생 쌓인 불순물인 악을 제거하는 데 도움이 된다면 슬픔인들 어떠하겠습니까?

징계에 대한 비유

하나님께서 징계의 목적을 제시하실 때 사용하는 몇 가지 비유가 있습니다.

단련

성도는 '고난의 풀무불에서 택한'(사 48:10 참고) 자입니다. 욥은 "그가 나를 단련하신 후에는 내가 순금같이 되어 나오리라"(욥 23:10)라고 고백했습니다. 풀무불은 불순물을 태우고 순수한 광석만을 남깁니다. 육이 멸하여지고 옛사람이 죽으며 깨끗한 믿음의 능력을 얻는 것은 모두 풀무불 속에서 이루어집니다. 풀무가 없다면 우리에게 있는 불순물과 찌꺼기는 어떻게 되겠습니까?

은이 도가니 안에 있을 때 제련자인 하나님이 가까이 오십니다. 주께서 이에 관해 말씀하신 내용에 귀를 기울여 봅시다.

"그러므로 만군의 여호와께서 이와 같이 말씀하시되, 보라, 내가 내 딸 백성을 어떻게 처치할꼬? 그들을 녹이고 연단하리라"(렘 9:7).

"내가 또 내 손을 네게 돌려 네 찌꺼기를 잿물로 씻듯이 녹여 청결하게 하며 네 혼잡물을 다 제하여 버리고"(사 1:25).

"이는 주께서 심판하는 영과 소멸하는 영으로……예루살렘의 피를 그중에서 청결하게 하실 때가 됨이라"(사 4:4).

체질

"보라, 내가 명령하여 이스라엘 족속을 만국 중에서 체질하기를 체로 체질함같이 하려니와 그 한 알갱이도 땅에 떨어지지 아니하리라"(암 9:9).

우리는 하나님의 밭에서 자라서 수확되는 곡식입니다. 그러나 아직은 억세고 거친 낱알입니다. 우리가 모든 불순물과 찌꺼기를 털어 내고 알곡으로 남기 위해서는 여러 번의 체질 과정을 거쳐야 합니다. 고난과 박해는 모두 우리를 체질합니다.

하나님은 많은 체를 가지고 계시는데 그중에 어떤 것은 가늘고 미세하며, 어떤 것은 크고 거칩니다. 그분은 각자에게 알맞은 체를 사용하십니다. 하나님이 신앙을 고백하는 교회를 체질하시자 많은 사람들이 떨어져 나갔습니다. 그리고 더욱 정교한 체를 사용하시자 더 많은 사람들이 떨어져 나갔습니다. 교회별로, 회중별로 체질하시자 많은 거짓 형제들이 드러났습니다. 또한 신자 한 사람씩 개별적으로 체질하시어 불순물을 제거하십니다.

이러한 과정은 반복해서 시행됩니다. 하나님께서는 깨끗한 알곡을 얻을 때까지 몇 번이고 까부르고 체질하십니다.

가지치기

"무릇 열매를 맺는 가지는 더 열매를 맺게 하려 하여 그것을 깨끗하게 하시느니라"(요 15:2).

우리는 포도나무 가지입니다. 그리스도는 아버지의 포도나무이며, 모든 영적 생명력의 줄기이자 뿌리가 되십니다. 그리고 성부께서는 이 귀한 포도나무를 감찰하십니다. 그분은 '가지가 아름답고 영화롭게 되어' 때가 되면 과실을 풍성히 맺기를 바라십니다. 그래서 포도나무에 물을 주고 밤낮으로 보호하시며, 농부의 정교한 솜씨로 가지를 치십니다.

하나님은 모든 가지가 아름답고 풍성한 열매를 맺기를 원하십니다. '우리가 많은 열매를 맺는 것이 곧 그의 영광이 되기 때문에' 모든 수고를 아끼지 않으십니다.

그렇다면 우리는 이러한 가지치기에 대해 얼마나 감사하고 있습니까? 아무리 울창하고 무성한 가지일지라도 가지치기를 피할 수는 없습니다. 세속적이고, 어리석고, 방탕하고, 즉흥적이고 변덕스러우며, 조급하고, 정욕적이고, 이기주의적인 모든 것들이 정원사의 예리한 가위에 의해 하나씩 가지치기를 당합니다.

연마

우리는 하늘의 성전을 위해 시온에 있는 거대한 기초석 위에 놓인 '산돌' 입니다. 이 돌은 먼저 암석에서 채석됩니다. 성령께서는 우리가 회심할 때 이와 같이 역사하십니다. 그리고 이렇게 떼어 놓은 돌은 정으로 쪼아 정방형으로 만들어집니다. 이를 위해 망치와 끌이 사용되듯이 하나님은 고난을 사용하십니다. 즉, 고난이라는 망치로 수없이 내리치는 과정이 필요한 것입니다.

이렇게 다듬어 어느 정도 틀이 잡히면 그것을 갈고 닦아 광택을 내는 작업이 이어집니다. 거칠고 울퉁불퉁한 부분이 모두 매끈하게 다듬어져야 하며, 다듬어지지 않은 부분이 전혀 없도록 모든 면을 돌려가면서 확인합니다.

사실 성전은 하늘에 있고 우리는 땅에 있습니다. 이것이 하나님의 뜻입니다. 솔로몬 성전의 돌들은 모두 멀리서 준비하여 예루살렘으로 옮겨져 사용되었습니다. 이와 같이 하늘의 성전을 이루는 산돌도 이 땅에서 준비되어 '망치 소리도 없이 손으로 짓지 아니한 영광의 전'에 사용됩니다. 그래서 모든 사람이 이 땅에서 연마되어야 하는 것입니다. 그리고 그 일을 위한 수많은 방법 가운데서 가장 효과적인 방법이 바로 고난입니다. 이것이 바로 징계에 나타난 하나님의 뜻이며 성령의 역사입니다.

성령께서는 마치 일꾼처럼 돌 위에 서서 그것을 요리조리 돌려 가면서 살피고, 만져 보면서 흠집이나 고른 정도를 살펴 표시하고, 원하는 모양으로 가장 잘 다듬을 수 있는 연장을 골라 갈고 닦아 광택을 내십니다.

그런데 어떤 면은 너무 거칠고 울퉁불퉁해서 여러 번 강하게 내리치고 쪼아야만 부드러워집니다. 이런 돌은 웬만한 방법으로는 효과를 거둘 수 없습니다. 그래서 하늘의 직공은 끈질긴 인내와 사랑으로 우리를 향한 아버지의 목적을 수행하십니다.

사람의 예대로 말하자면, 모든 돌이 궁극적으로 추구해야 할 완전한 모형으로서 그분의 곁에 서 계신 자, 하나님의 택함을 입은 예수님조차 모든 부분에서 그분의 모습을 닮아 가고자 했습니다. 우리가 주의 영으로 말미암아 완전히 그분을 닮아 가고 그와 같은 형상으로 변하여 영광에서 영광으로 이르기까지, 성령님은 어떤 수고도 아끼지 않고 잠시도 눈을 떼지 않으십니다.

이렇게 고난은 우리를 연마하고 정화합니다. 그리하여 우리에게서 첫째 아담의 형상을 지워 버리고 둘째 아담의 형상을 입혀 나갑니다.

"우리가 흙에 속한 자의 형상을 입은 것같이 또한 하늘에 속한 이의 형상을 입으리라"(고전 15:49).

***

오래전에 한 성도는 "오, 주 예수의 다듬질과 망치와 풀무가 어찌나 감사하온지요!"라고 고백하였습니다.

그렇다면 이제 옛사람을 벗어 버리고 새사람을 입기 위해 어떤 고난의 과정이 진행 중인지를 스스로에게 묻고 그것을 규명하기 위해 노력합시다. 과연 나는 세상적인 모든 생각을 버리고 천국을 향한 마음을 지닌 사람으로 변해 가고 있습니까? 나는 나의 교만과 정욕과 완악함을 벗어 버리고, 겸손하고도 온유하며 순종적인 사람이 되어 가고 있습니까?

지금까지 즐겨 온 모든 우상이 와해되고 마치 처음처럼 새로운 피조물의 즐거움을 누리고 있습니까? 세상의 명예나 사람들의 환호와 갈채, 웃음, 사랑에 연연하지 않습니까? 나는 그리스도의 십자가를 통해 세상에 대해 못 박혔으며, 세상은 나에 대해 못 박혔습니까? 그렇지 않으면 아직도 그분의 책망을 부끄러워하거나, 그렇고 그런 세간의 평판 속에 명예와 수치심을 가지고 마지못해 그분을 따르고 있지는 않습니까?

그분이 가신 길을 따르고 그분이 받으신 고난을 받으며 그분이 마신 잔을 마시고 그분이 받으신 세례를 받는 것을 진정 영광과 기쁨으로 생각합니까? 혹은 장차 올 나라를 간절히 구한다고 고백하면서도 자신에게 부여된 고난은 받기 싫어하고, 영광의 면류관은 받아 쓰고 싶어하면서도 가시 면류관은 회피하지 않습니까?

나는 날마다 세상 사람의 모습과는 멀어지고, 하늘과 땅의 모든 형제들의 맏형이신 예수님의 모습을 닮아 가면서 그분의 형상을 입고 있습니까? 나는 이 세상이 나의 거할 곳도, 쉴 곳도 아니며, 단 하나의 사슬도 나를 이 땅에 철저히 얽어맬 수 있다는 사실을 깨달아, 이처럼 헛된 세상에 나를 옭아매려는 모든 것들을 떨쳐 버리는 일에 최선을 다하고 있습니까?

징계가 참으로 나를 정화시키고 있습니까? 나는 그것이 나의 영혼에 유익한 결과를 가져다준다는 사실을 인식하고 있습니까? 지난날에 당했던 시련들을 돌아보면서 "나는 그때 그곳에서 가장 소중한 교훈을 배웠고, 살아 꿈틀거리는 사망의 몸의 한 부분을 제압하였습니다. 나는 그때 그곳에서 한 차원 높은 영적 성장을 이루었으며 이제 더 높은 곳을 향하고 있습니다"라고 고백할 수 있습니까?

나는 예수님의 자비에 관해 많은 것을 깨달았으며, 내가 환난 당할 때에 함께 울어 줄 수 있는 분이 계신 것이 얼마나 복된 일인지를 알고 있습니까? 반역의 눈물을 씻어 내고, 오직 사랑과 순종의 눈물, 형제

애와 긍휼의 눈물, 육신을 떠나 주와 함께 거하고 싶은 간절한 바람의 눈물만을 흘리는 법을 배웠습니까?

사도를 통해 언급한 바 우리를 '그의 거룩하심에 참여하게'(히 12:10) 하신 것은 그분의 크신 계획이며, 여기에는 놀라운 의미가 담겨 있습니다. 이 구절은 '신성한 성품에 참여하는 자가 되게'(벧후 1:4)라는 베드로후서의 말씀과도 연결됩니다. 이것은 매우 귀하고도 유익한 표현으로, 하나님의 목표가 단순히 '우리를 거룩하게 하는 것'이라는 말씀보다 훨씬 복된 의미를 담고 있습니다.

그분의 거룩에 참여한다는 것은 그분의 본성에 동참한다는 의미입니다. 그것은 천사들이 누리는 것보다 더 큰 영광입니다. 그것은 '구속함을 입은 자들', 곧 그리스도의 몸 된 지체들에게만 해당됩니다.

예수께서도 이와 같이 우리에게 말씀하셨습니다. 그분이 우리에게 약속하신 것은 단순한 평안이 아니라 예수님 자신의 평안, 즉 '나의 평안'입니다. 그분이 우리에게 주시는 것은 단순한 기쁨이 아니라 자신의 기쁨, 즉 '나의 기쁨'입니다. 그러므로 그분이 우리에게 베푸시는 거룩도 단순한 성결이 아니라 하나님의 거룩입니다. 주님은 우리가 이 거룩의 참여자가 되기를 바라십니다. 이것은 얼마나 풍성한 의미를 담고 있는지요!

이것은 참으로 놀라운 선물입니다. 그 일을 위해서라면 모든 것을 잃어버려도 좋을 것입니다. 그러므로 이제 우리는 마땅히 그 가치와 탁월함을 알고 거기에 모든 마음을 집중해야 합니다. 그러나 실제로 그렇게 되기까지 우리와 하나님 사이에는 갈등이 조성될 것입니다. 그분이 우리에게 바라시고 베푸시는 그 어떤 것보다 거룩하심에 참여하는 것이 복되기 때문입니다.

이러한 갈등은 우리가 그분과 완전하게 하나가 될 때 끝납니다. 그분이 자신의 뜻을 이루실 것이며, 우리에게 최상의 결과가 주어질 것입니다. 우리를 죄에서 구원하시려는 그분의 뜻과 구원에 대한 우리의 소망이 합치될 때 얼마나 복된 결과를 낳습니까?

우리를 거룩하게 하시려는 그분의 계획이 그것을 간절히 염원하는 우리의 마음과 일치한다고 생각해 보십시오! 하나님의 충만함이 우리의 영혼으로 거침없이 흘러 들어올 것이며, 그로 인해 많은 방해와 외적 고통이 있음에도 불구하고 거룩한 영혼은 말할 수 없는 기쁨과 충만한 영광으로 가득하게 될 것입니다.

"이러므로 우리에게 구름같이 둘러싼 허다한 증인들이 있으니 모든 무거운 것과 얽매이기 쉬운 죄를 벗어 버리고 인내로써 우리 앞에 당한 경주를 하며, 믿음의 주요 또 온전하게 하시는 이인 예수를 바라보자. 그는 그 앞에 있는 기쁨을 위하여 십자가를 참으사 부끄러움을 개의치 아니하시더니 하나님 보좌 우편에 앉으셨느니라"(히 12:1,2).

이것을 가르치는 데에는 고난만큼 효과적인 것도 없습니다. 고난은 마치 나무가 바람 때문에 뿌리를 더욱 깊게 내리는 것과 같은 역할을 합니다. 또한 깎인 잔디가 더욱 강하고 푸르게 자라는 것과 같으며, 더욱 밝게 비추기 위해 횃불을 흔드는 것과 같습니다.

CHAPTER 10

각성

성령께서 이미 오래전에 우리를 사망의 깊은 잠에서 깨우셨을 수도 있습니다. 우리는 다시는 그런 깊은 잠에 빠지지 않을 것이라는 사실을 압니다. 우리를 깨우신 분은 예수께서 다시 오실 때까지 우리를 깨어 있게 하실 것입니다. 우리가 더 이상 잠들 수 없다는 것은 이런 의미입니다.

그러나 우리는 아직도 나른하고 졸려합니다. 우리는 완전히 깨지 않았으며, 때로는 잠이 다시 찾아올 때도 있습니다. 매혹적인 세상에 살면서 우리의 눈은 가물거리고 우리의 감각은 갈피를 잡지 못하며, 우리의 양심은 분별력을 잃고 우리의 총기는 빛을 잃었습니다. 심지어 망대 위에서도 잠에 취해 밤이 지나 날이 밝아 오고 있다는 사실조차 잊어버립니다.

이렇게 잠을 자거나 조는 동안에 모든 일이 잘못됩니다. 우리의 움직임은 나태해지고 생명력을 잃어버립니다. 우리의 믿음이 약해지고 우리의 사랑이 식고 우리의 열심이 가라앉습니다. 한때의 열정과 신선함은 사라져 버리고, 용기는 떠나고 말았습니다. 우리의 계획은 제대로 추진되지 않고 엉망이 되어 버렸습니다. 우리 때문에 하나님의 일이 더욱 잘되기는커녕 지장만 받게 되었습니다. 우리는 그 일에 짐만 되고 해만 끼칠 뿐입니다.

그러나 하나님은 우리를 그런 상태로 내버려 두지 않으십니다. 자신의 일이나 성도들을 위해서 하나님은 결코 그런 상태가 지속되는 것을 두고 보지 않으십니다.

우리는 어떠한 희생을 치르고서라도 일어나야 합니다. 결코 세상 사람들처럼 잘 수 없습니다. 우리는 밤이나 어둠에 속한 것이 아니라 빛의 아들이요 낮의 아들이기 때문에 깨어 근신해야 합니다. 하나님은 우리가 마치 즐기고 노는 것이 인생의 유일한 목적인 듯이 세월을 허송하는 것을 용납하지 않으십니다.

우리는 자신의 의무를 다하지 아니하고 오히려 태만하며 건성으로 기도합니다. 우리의 행실이 악하지는 않지만 무기력하고 소극적이기 때문에 주변에 아무런 영향력도 끼치지 못합니다. 또한 우리의 말이 틀리거나 어리석지는 않지만 깊이나 통찰력이 없기 때문에 무게가 없습니다.

하나님은 이러한 것들을 참지 못하십니다. 그래서 영적 잠에 빠진 사데교회를 향해 "만일 일깨지 아니하면 내가 도둑같이 이르리니 어느 때에 네게 이를는지 네가 알지 못하리라"(계 3:3)라고 책망하셨습니다. 또한 라오디게아교회의 미지근함에 대해서는 "네가 이같이 미지근하여 뜨겁지도 아니하고 차지도 아니하니 내 입에서 너를 토하여 버리리라"(계 3:16)라고 책망하셨습니다.

하나님은 우리를 깨우실 때 처음에는 마치 천사가 로뎀나무 아래서 자고 있던 엘리야를 깨우듯이 매우 부드럽게 흔들어 깨우십니다. 또 때로는 우리의 안락한 둥지를 가볍게 치시기도 하고, 우리가 소리를 듣고 깨도록 멀리서 소음을 내기도 하십니다. 그것은 다른 나라의 폭동이나 소동일 수도 있고, 기근의 아우성이나 전쟁, 또는 전염병에 관한 소문일 수도 있습니다.

그러나 이 모든 시도가 실패로 돌아가고, 우리는 여전히 태평스럽게 졸고 있는지도 모릅니다. 우리의 삶은 여전히 나른하고 무기력합니다. 그러자 이제 하나님은 더욱 가까이 오셔서 우리의 이웃이나 친척들이 분명히 들을 수 있도록 목소리를 높이십니다. 그러나 그것마저 소용이 없으면 그분은 좀 더 가까이 다가오십니다. 시간이 촉박한데도 우리가 여전히 잠에 취해 있기 때문입니다.

그분은 이제 우리의 귀에 직접 대고 말씀하십니다. 우리의 모든 세포 조직이 떨리고 모든 맥박이 빨라질 때까지 우리의 취약한 부분을 찌르십니다. 그로 인하여 우리의 영혼은 수많은 화살이 관통하듯이 찔림을 당하고, 그제서야 우리는 긴 잠에서 깨어난 사람처럼 벌떡 일어나 주변을 두리번거리면서 왜 그렇게 오랫동안 잠을 잤는지 의아해합니다.

우리가 완전히 일어나기가 얼마나 힘든지요! 그렇게 하기 위해서는 오랜 시간에 걸친 수차례의 자극이 필요합니다. 그런데도 모든 시도 후에는 다시 잠에 빠지는 과정이 되풀이되는 경향이 있습니다. 그래서 우리는 깨어나야 할 뿐만 아니라 계속해서 자신을 살피고 다시는 잠들지 않아야 합니다.

그렇다면 졸음은 우리에게 어떠한 고통과 희생, 어떠한 피 흘림과 마음의 상처를 요구합니까? 오랜 세월 동안 누려 온 '시온에서 안일한 자'의 사치는 큰 희생을 치렀습니다.

"삶에 대해 생각하라(think of living)"라는 사려 깊은 게르만인의 격언은 많은 것을 함축하고 있습니다. 한 사상가는 이 구절을 인용하여 다음과 같이 말했습니다.

"삶에 대해 생각하십시오. 당신이 만일 세상 사람들 중에서 가장 불쌍한 자라면, 당신의 삶은 결코 헛된 꿈이 아니라 엄숙한 현실입니다. 그것은 당신의 것이며, 당신이 영원히 직면해야 할 모든 것입니다. 그렇다면 빠른 속도로 움직이면서도 결코 서두르지 않는 별처럼 행하십시오."

그리스도인 가운데서도 일은 하고 있으나 실제로 '깨어' 일하지 않는 사람들이 있습니다. 그들은 일정한 범위 내에서 의무를 행하고는 있지만 피곤하고 지친 행보를 보일 뿐입니다. 그들의 움직임은 내키지 않는 듯이 활기가 없습니다. 또한 그들은 좋은 일을 많이 하고 훌륭한 계획을 세우며 좋은 말을 하지만, 생명력 넘치는 삶의 맥박은 부족합니다.

그들에게는 지칠 줄 모르는 불굴의 의지나 용솟음치는 열정이 없습니다. 그들은 자신을 태우지도 않고, 다른 사람의 마음에 불을 지르지도 않습니다. 그들에게서는 '별'과 같은 분위기를 찾아볼 수 없으며, 다만 차갑고도 냉랭한 분위기만 감지될 뿐입니다. 어쩌면 그들은 스스로 가혹한 징계를 기대하고 있는지도 모릅니다.

그런가 하면 오락가락하면서 잠깐씩 깨어 있는 사람도 있습니다. 그들의 열정은 일시적인 기분에 의해 좌우되기 때문에 안심할 수 없습니다. 자신도 잘 모를 뿐만 아니라 십자가에 못 박거나 평정하려고 생각도 해 보지 않았던 본능적이고도 충동적인 기질은, 그들의 모든 행동에 자신감을 잃게 하며 불안감을 조성합니다.

이와 같은 과도기적 각성은 큰 영향을 주지 못합니다. 그들은 이따금씩 효과적인 사역을 감당하기도 하고, 때로는 영향을 미치기도 하지만, 그렇지 못할 때도 있습니다. 그들은 세우기도 하지만 무너뜨리기도 합니다. 또한 빛을 비추기도 하지만 꺼 버리기도 합니다. 그들에게서는 '별'과 같은 분위기를 찾아볼 수 없습니다. 이렇게 시시각각으로 변하는 영혼의 변덕을 바로잡기 위해서는 고통스러우면서도 오랫동안 지속되는 압박이 필요합니다.

항상 깨어 있는 것처럼 보이지만 차분하지 못하고 요란스럽기만 한 사람들도 있습니다. 그들은 여기저기 돌아다니면서 분주하게 움직이지 않으면 살 수 없습니다. 또한 그들의 기질은 신경질적이고 쉽게 동요하며 참을성이 없기 때문에 가만히 앉아 쉬면서 피정(避靜)하는 것을 구속으로 여길 뿐 아니라 고통스럽게 생각합니다.

이것은 그들 자신에게는 큰 영향을 주지 못하지만 다른 사람의 각성을 자극하거나 주변 사람들의 영적 침체를 막는다는 점에서는 유익한 영향을 끼치기도 합니다. 그러나 그들의 분주함은 정작 그들로 하여금 필요한 은혜에 깊이 잠길 수 없게 합니다.

종교의 외적인 부분과의 끊임없는 접촉 역시 내적 성장을 가로막을 뿐만 아니라 영성에도 해를 끼칩니다. 그것은 어떤 면에서는 깨어 움직이는 '별'과 닮았습니다. 그러나 그들은 빛을 모으거나 발산하기보다는 그나마 남은 빛마저 날마다 소모하기만 하는 '분주한' 운행을 할 뿐입니다.

이러한 거짓 열정을 떨쳐 버리고, 우리를 부르신 목적인 '진실로 평온한 영적 각성'을 이루기 위해서는 깊고도 강력한 충격이 필요합니다. 그들에게 필요한 것은 더욱 심오한 영적 감각이며, 그것을 위해서는 많은 연단과 징계가 필요합니다.

언제나 열정을 가지고 꾸준히 일하는 것처럼 보이는 사람도 있습니다. 그러나 우리는 짧은 교제를 통해서도 그들이 진실로 깨어 있지는 않다는 사실을 알 수 있습니다. 그들은 기도하는 것보다 더 많은 일을 하기 때문에 얼마 지나지 않아 기름이 떨어진 배와 같은 상태에 이릅니다.

기름이 바닥난 상태에서 운행하고 있는 그들에게 시급한 것은 바로 그들 자신의 영적 각성입니다. 그들은 빠른 속도로 운행하면서도 결코 서두르지 않는 '별'과 유사하지만, 그 빛이 희미하여 어두운 세상을 밝히기에는 너무 약합니다. 그러므로 그들에게 필요한 것은 더욱 깊은 영적 삶과 경험이며, 그러기 위해서는 그들을 위해 예비된 고난이 필요합니다.

진정으로 깨어 있는 삶은 이들과는 다릅니다. 그것은 강렬함(intensity)과 심오함이라고 할 수 있습니다. 그것은 평온한 위엄과 강력한 내적 능력을 발산합니다. 그리고 강렬하지만 열광적이지는 않고, 열정적이지만 흥분하지는 않습니다.

또한 신속하지만 조급하거나 서두르지 않으며, 신중하지만 소심하거나 이기적이지 않고, 단호하고도 담대하지만 경솔하지 않으며, 주제넘게 나서지 않습니다. 그리고 때로는 침묵할 때도 있지만 주변에 있는 모든 사람들에게 영향력을 미치고, 기쁨과 평화로 가득하지만 과시하거나 요란하지 않으며, 온유와 사랑으로 충만하면서도 신실하고 진실합니다.

이것이 바로 깨어 있는 삶입니다. 그러나 이러한 삶에 이르게 되기까지, 반역적인 육의 본성으로 인해 우리에게는 얼마나 많은 고난이 요구되는지 모릅니다. 이러한 본성은 우리가 하나님께 온전히 순종하고 자신을 하나님이 원하시는 거룩한 산제사로 드리는 것을 끊임없이 방해합니다.

그래서 이렇게 우리를 깨우는 하나님의 징계는 우리로 하여금 더욱 열정적이고 열심을 내게 할 뿐만 아니라 더욱 열심히 기도하게 합니다. 아마도 이것은 영적 각성과 관련하여 가장 민감한 부분일 것입니다. 기도를 하는 데에 시련만큼 효과적인 것도 없습니다. 그것은 우리로 하여금 즉시 무릎 꿇게 하고 골방 문을 닫게 합니다.

평안할 때에는 위로가 되는 것도 많고 의지할 피난처도 많습니다.

그러나 고난을 당할 때 우리에게 위로가 되시는 분은 하나님 한 분뿐이십니다. 우리의 슬픔은 매우 깊어 누구에게도 말할 수 없으며, 너무 무거워 아무도 대신 질 수가 없습니다. 그래서 우리는 깨어 기도할 수밖에 없습니다. 지금까지 기도는 일부분에 불과했으나 이제는 전부입니다. 아무도 도움을 줄 수 없을 때 우리가 의지할 곳은 오직 하나님밖에 없습니다.

사실 이제 우리에게 더욱 캄캄한 암흑으로 변해 버린 세상에서 골방은 유일한 빛의 장소가 되었습니다. 주변과 바깥세상에는 모두 어둠뿐이며, 모든 곳에 먹구름이 덮여 있습니다. 오직 골방만이 밝고 평온합니다.

이제 우리는 참으로 감사하고도 간절한 마음으로 기도에 전념할 수 있습니다! 폭풍이 치는 대양(大洋) 가운데서 하나님께서 우리를 위해 제공해 주신, 행복한 빛의 섬에서 온종일 보낼 수 있게 된 것입니다. 물론 어쩔 수 없이 그곳을 떠날 때도 있지만 다시 돌아오는 우리의 마음은 얼마나 기쁜지 모릅니다! 우리는 그곳에서 오직 하나님과 함께 참으로 평화로운 고독의 시간을 누리고 있는 것입니다!

이제 기도는 그 어느 때보다 훨씬 실제적이 됩니다. 지금까지 한 번도 귀하게 여기지 않았던 기도가 지금은 얼마나 귀한 것이 되었는지요! 이제 기도 없이는 아무것도 할 수 없습니다. 결정해야 할 문제는 물론 필요한 모든 것에 대해서도 기도해야 하며, 내면 깊은 곳에서 올라오는 부르짖음을 전해야 합니다. 그것은 실제적인 요구이며 탄원입니다.

기도는 형식에 얽매이지 않습니다. 모든 간구에는 새로운 삶과 열정, 진심이 담겨 있습니다! 기도는 원하는 것을 표현할 만한 마땅한 단어를 찾지 못한 입술이자 마음의 말입니다. 그러하기에 '말로는 표현할 수 없는' 모든 신음이 언어가 되어 하나님의 귀로 올라갑니다. 예전에는 마음과 입술이 따로 놀 때가 종종 있었지만 이제는 입술 없는 마음의 기도가 잦습니다.

이제 우리는 비로소 "성령도 우리의 연약함을 도우시나니"(롬 8:26)라는 말씀이 무엇을 의미하는지를 깨닫습니다. 그리고 "성령으로 기도한다"라는 말이 무슨 뜻인지도 조금씩 느끼기 시작합니다.

여기에 하나님께 다가감이 있습니다. 하나님과의 교제는 이제 훨씬 의식적인 실체가 되었습니다. 그것은 살아 계신 인격적인 여호와와의 밀접한 관계로 들어가는 것입니다.

이제 그들에게는 새로운 논리가 제시되고 새로운 소망이 주어졌으며, 새롭게 원하는 것들이 모습을 드러냈습니다. 자신의 연약함과 하나님의 충만함이 생생하게 드러남에 따라 영혼의 간절한 소원이 불타오르고, 우리의 마음은 살아 계신 하나님을 향해 부르짖습니다.

다윗을 즉시 무릎 꿇게 한 것은 고난이었습니다. 요나가 부르짖어 기도하는 것을 배운 곳은 물고기 배 속이었습니다. 므낫세에게 기도를 가르친 것은 바벨론의 쇠사슬과 들가시였습니다.

'그리스도의 교회, 여호와의 택한 기업이여, 일어나라! 빛과 낮의 아들이여, 일어나라!'

길고 긴 겨울밤이 끝나고 있습니다. 이제 곧 샛별이 떠오를 때가 되었습니다.

"만물의 마지막이 가까이 왔으니, 그러므로 너희는 정신을 차리고 근신하여 기도하라"(벧전 4:7).

"이르시되 어찌하여 자느냐? 시험에 들지 않게 일어나 기도하라 하시니라"(눅 22:46).

CHAPTER 11

진지함의 회복

　웃고 떠드는 것이나 유흥은 타락한 세상에 속한 것입니다. 이러한 것들은 너무나 천박하고도 허황되기 때문에 거룩이나 진정한 행복과는 도저히 어울리지 않습니다. 마음에 하나님의 평안이 있는 자는 이러한 것들이 필요 없습니다. 어린아이나 세상 사람들에게는 그것이 필요할지도 모르지만 우리와는 무관합니다.

　오히려 그것은 우리의 정서에 맞지 않으며, 새롭게 태어난 본성과 조화를 이룰 수 있을 만큼 깊이가 있거나 순수하지도 못합니다. 진정으로 행복한 영혼은 이러한 것들을 입에 담지 않습니다.

　그러나 우리는 공허한 웃음으로 떠들썩한 '즐거운' 세상에서 살고 있습니다. 우리 주변에는 일상적인 불안감을 감추고 헝클어진 양심을 달래면서 극심한 슬픔을 잊으려는 헛된 인간들의 한바탕 웃음소리와 왁자지껄한 장면이 가득합니다.

성도들도 종종 분위기에 휩쓸려 경망스럽고도 떠들썩한 분위기를 조성하고, 유치한 농담과 쓸데없는 말을 하며, 저속한 노래를 부릅니다. 그들은 마치 세상과 벗하며 즐기는 것이 당연한 것처럼 헛된 길을 걷습니다.

그러나 이러한 세상의 영향과는 상관없이 우리는 성도로서의 본분과 진지함을 상실한 말과 행동을 하기가 쉽습니다. 거의 무의식적으로, 그리고 어떻게 된 영문인지도 모른 채 우리가 경솔하고도 경박해진 것입니다. 우리는 입술에 파수꾼을 세워야 한다는 사실도 잊어버렸습니다.

다른 사람들과의 모임에서 어리석은 말과 농담을 일삼을 뿐, '은혜 가운데서 소금으로 고루게 함'과 같지 않습니다. 또한 "무릇 더러운 말은 너희 입 밖에도 내지 말고 오직 덕을 세우는 데 소용되는 대로 선한 말을 하여 듣는 자들에게 은혜를 끼치게 하라"(엡 4:29)라는 충고도 잊어버렸습니다.

이러한 성향은 더욱 확산되었습니다. 진지함은 오직 골방이나 성소에서나 필요한 것이 되고 말았습니다. 우리는 어둠에서 부르심을 받아 '이 악한 세대에서 구원을 받은' 성도로서의 품성을 망각하였습니다. 또한 자신이 하늘로서 난 하나님의 양자라는 사실도 잊었습니다. 우리의 모든 사고방식과 감정과 언어와 행실이 '먹고 마시고 노는 것'이 전부인 천박하고도 경솔한 세상을 닮아 가고 있습니다.

우리의 영성은 이렇게 쇠퇴하고 있습니다. 천국을 향한 마음이 사라지고 세속적이 되고 말았습니다. 우리의 영혼은 진토에 붙었으며, 그곳에 빌붙어 사는 것으로 만족합니다. 우리는 수척해지고 메말라 가고 있으며, 자신도 자라지 못하고 다른 사람의 성장을 돕지도 못합니다. 우리는 향기 없는 꽃이며, 열매 없는 가지가 되었습니다.

또한 우리는 구속의 날에 우리를 인 치신 성령님을 슬프게 합니다. 그분은 죄와 더러운 것과 함께하실 수 없을 뿐만 아니라 경거망동하며 희희낙락하는 것과도 함께하실 수 없습니다.

그분은 이 땅에 계실 때 자신의 영원한 거처인 성전을 떠나셨습니다. 거룩한 전에서 들리는 우리의 지절대는 웃음과 농담소리에 물러나신 것입니다. 성전은 하나님의 집이며 기도하는 집이어야 합니다. 그런데 그분이 어떻게 장사하고 웃고 떠들며 흥청대는 집으로 변해 버린 성전에 거하실 수 있겠습니까?

물론 이것은 성도가 항상 우울해해야 한다는 말이 아닙니다. 절대 그렇지 않습니다. 우울함이나 고독은 우리의 몫이 아닙니다. 시편 기자는 "내게 줄로 재어 준 구역은 아름다운 곳에 있음이여"(시 16:6)라고 고백하였습니다. 우울과 고독은, 죄 사함의 기쁨을 맛보고 사랑하는 아버지와 함께 사는 행복한 자녀처럼 빛 가운데 행하는 영혼과는 어울리지 않습니다.

그러나 진정한 행복은 진지합니다. 그 샘의 근원은 깊습니다. 그것은 마음속 깊은 샘의 각성입니다. 경거망동하며 희희낙락하는 것은 기쁨이 아닙니다. 그러한 것들은 기쁨이라고 부르기에는 너무 가볍고 얕습니다.

마치 연못 위에서 반짝거리는 햇빛처럼 그러한 것들은 겉만 반짝이는 빛에 불과할 뿐, 대양의 심층부를 비추는 은은한 빛이 없습니다. 그러나 진정한 행복은 마치 바다 전체가 거대한 햇빛 덩어리라도 된 것처럼 큰 소용돌이 속에서도 흩어지거나 사라지지 않고 남아 있는 것과 같습니다.

모든 기쁨의 샘이신 그분에게로 나아올 때, 하나님의 성도는 어둡고 우울한 모든 것들과 작별을 합니다. 때로는 환난이 있을지도 모르지만, 아니, 반드시 있겠지만, 그것은 결코 우울한 것이 아니며, 그가 구주를 알고 그 복된 음성에 귀를 기울이기 시작한 날부터 영원토록 기쁨이 그에게 남아 있습니다. 이제 평안이 그의 분깃이 되었습니다.

그러나 경거망동 역시 결코 성도의 몫이 아닙니다. 그의 몫은 기쁨이 되어야 합니다. 이러한 기쁨은 공허한 웃음보다 훨씬 고상할 뿐만 아니라 그것과는 전혀 어울리지도 않습니다. 또한 희희낙락하는 것은 거룩이나 영성을 해칠 뿐만 아니라 참된 기쁨과도 적대적 관계에 있습니다. 그러므로 그러한 것들을 반드시 끊어 버려야 합니다.

하나님은 자신의 자녀에게 이러한 것들을 결단코 허용하지 않으십니다. 그분은 그들이 위엣 것을 찾고 사모하기를 바라십니다. 그러므로 세속적인 요소는 마땅히 제거되어야 하며, 대신 그들은 진지하고 사색적이어야 합니다. 이를 위해 하나님께서 고난과 징계로 그들을 찾으시는 것입니다.

아마도 하나님은 순식간에 그들을 초토화시키거나 재앙을 통해 시간을 두고 천천히 조여 오실 수도 있을 것입니다. 그리하여 결국은 그들 속으로 교묘히 파고들어 온 어리석음을 도말하여 던져 버리실 것입니다.

하나님의 목적은 그들로 하여금 더욱 사색적이고도 진지한 사람이 되게 하는 것입니다. 그러하기에 생각할 수 있는 무엇인가를 통해 그들을 압박하십니다. 그분의 징계는 그들을 납작하게 만들어 버려 순식간에 모든 경거망동을 사라지게 합니다.

그들은 더 이상 웃거나 농담할 수 없으며, 그들의 집은 황폐해지고 그들의 마음은 상처를 받습니다. 그리하여 그들은 공허하고도 헛된 세상과의 관계를 청산하고, 영혼의 가장 깊은 내면으로 파고들거나 지금까지 깨닫지 못한 거대한 영원을 향해 전진하게 됩니다.

시련은 우리에게 자아중심적인 삶에 대한 각성과 함께 죄로 가득한 비참한 세상에 대한 무감각함을 일깨워 줍니다. 그리고 우리를 더욱 확실한 것들과 만나게 하며, 깊은 사색에 잠기게 합니다. 시련은 우리에게 '슬픔을 알게' 하며, 모든 경거망동을 물리칩니다. 슬픔과 경거망동은 결코 조화를 이룰 수 없습니다.

우리는 눈물을 통해 바라볼 때 진실을 가장 잘 볼 수 있습니다. 눈물이라는 수단은 대상을 균형 있게, 그리고 가장 적절한 눈높이에서 바라보게 합니다. 환영(幻影)이 사라지고 실재가 우리를 둘러싸며, 그로 말미암아 우리는 진지해집니다. 세상의 환영은 우리를 경솔하고도 공허하게 만듭니다. 그것은 결코 우리의 존재 깊은 곳에 있는 내면을 흔들지 못하며, 다만 겉만 스치고 지나갈 뿐입니다.

하나님은 이와 같이 자신의 성도들에게 진지함을 추구하게 하십니다. 그리고 그렇게 함으로써 그리스도의 마음을 더욱 공감하도록 만드십니다. 그리스도의 모든 삶은 진지했으며, 결코 경거망동을 찾아볼 수 없었습니다. 그리고 모든 면에서 조용하고 엄숙했습니다. 우리가 그분을 닮아 가면 갈수록 이처럼 평온하고도 행복한 진지함이 우리를 지배하게 될 것입니다.

이와 같이 우리는 깨어 있는 삶을 살아야 할 뿐만 아니라 진지한 삶을 살아야 합니다. 우리의 모든 행실은 우리 속에 있는 진지함의 깊이를 드러내 줄 것입니다. 그리고 우리의 표정과 어조는 엄숙해야 합니다. 그것 자체로 우리는 하나님을 증거하고 세상을 정죄하게 될 것입니다.

또한 우리는 깨어 살아 있는 자가 되어야 하며, 진지하고도 열정적인 사람이 되어야 합니다. 그뿐 아니라 경거망동이 그보다 가치 있는 내면의 평화와 양립할 수 없기 때문에 우리는 그것을 싫어하는 사람, 영원을 눈앞에 두고 있기에 그러한 것에 시간을 허비할 수 없는 사람이 되어야 합니다.

임박한 영원은 경박하고도 하찮은 것을 꾸짖고 내어 쫓습니다. 시련의 긍정적인 기능은 잠시 접어 두더라도 이것이 바로 영원의 성향인 것입니다. 이 땅에서의 삶을 진지하게 사는 것이 곧 영원한 삶입니다.

이 땅에서의 삶과 장차 올 세상의 삶을 나누어 생각해 보십시오. 이 땅에서 아무리 오래 산다고 하더라도, 그 삶은 나뭇잎이 잠깐 가지에서 흔들리는 것보다 못하며 죽음은 낙엽이 지는 것보다 못합니다. 그러나 무한하고도 영원한 세계를 이 땅에서의 삶과 연결해 보십시오. 모든 순간이 위대하고 중요하며 진지해집니다. 아무리 잠깐 스쳐 지나

가는 순간일지라도 두 영원이 만나는 장소가 되기 때문입니다.

칠흑같이 어두운 밤에 가파른 절벽으로 둘러싸인 좁은 산길을 걷다가 길을 잃었다면, 눈이 보이지 않거나 제정신이 아니고서야 어떻게 진지하지 않을 수 있겠습니까?

만일 고통이 순간적이거나 우리와 함께 죽어 무덤에 묻히는 것이라면, 혹은 우리의 본질 속에 영원한 고통을 감지하는 능력이 없거나 그러한 능력이 발견해야 할 영원이 없다면, 우리의 골수를 찌르고 세포의 마디마디를 떨게 할 그 엄청난 고통도 어느 정도는 견딜 수 있을 것입니다. 그러나 한순간의 고통이라면 모르겠지만, 죽지도 못하는 벌레가 당하는 영원한 고통이라면 그것은 형언할 수 없을 만큼 두려운 것입니다.

마찬가지로 온몸에 전율이 흐를 만큼 흥분을 가져올 만한 새로운 기쁨의 환희가 번개처럼 번쩍한 후에 영원히 사라져 버린다면 큰 가치를 두지 못할 것입니다. 그러나 무한한 기쁨을 누릴 수 있는 은혜와 함께 이러한 기쁨의 싹을 한없이 이어 갈 영원에 대한 보장은, 우리의 삶 전체를 심오하고도 경이로운 실재로 바꾸어 줍니다.

해 질 녘에 잎이 떨어져 시든 꽃은 아무런 관심도 받지 못한 채 짓밟힐 수도 있지만, 궤도를 따라 영원히 운행하는 별은 아름다운 빛으로 찬란하게 빛나든지 캄캄함에 가려 어둡든지 간에 항상 놀라움과 경외의 대상이 됩니다.

이것이 인생입니다! 그것은 어느 한 사람, 또는 몇 사람의 삶이 아니라 모든 사람의 삶입니다. 이 땅에서의 삶이 전부라면 인생은 하나의 유희나 벌레의 삶과 같을지도 모릅니다. 그러나 영원한 미래와 연결될 때, 그것은 참으로 실제적이고도 진지한 것이 됩니다.

우리는 이 땅에서 높은 지위와 명성을 가진 사람이거나 가난하고 이름 없는 사람이거나 부지런히 수고하는 사람일 수 있습니다. 그러나 중요한 것은 모든 삶이 실재라는 사실입니다. 그것은 단순한 그림자나 무지개나 몽상이 아니라 크든 작든 모든 면에서 너무나 분명한 실재입니다.

특히 성도의 삶은 더욱 그러합니다. 그는 영원의 존재에 대해 알고 있을 뿐만 아니라 그것을 보고 느꼈습니다. 그리고 마치 여행자가 자신의 길 좌우편에 있는 캄캄한 천 길 낭떠러지의 건너편을 바라보듯이, 순간마다 영원을 바라봅니다.

그는 그곳에 죄 사함과 영원한 생명이 있다는 사실을 알 뿐만 아니라 실제로 그것을 발견하고 맛보았습니다. 눈이 열린 그는 이제 그 실체 속으로 들어와 있으며, 이러한 실체들은 그를 사방에서 둘러싸고 있습니다.

무엇보다도 그는 '주께 대한 복스러운 소망과 그의 영광스러운 나타나심'을 바라보면서 부르심에 합당한 진지한 삶에 대해 깨닫습니다. 그리고 경거망동이나 희희낙락이 휘장 안에서 하나님의 영광 가운데 서 있는 대제사장에게 어울리지 않는 것처럼 자신에게도 해가 된다는 사실을 깨닫습니다.

비단 징계로 인한 고통의 긍정적인 측면이 아니더라도 성도가 현실 세계에서 보고 아는 모든 것에 대해 진지해야 할 이유는 충분합니다.

멸망으로 향하고 있는 세상, 탄식하며 신음 중인 세상, 저주의 땅, 하나 되지 못하고 상처받은 교회, 신랑이 없는 삶, 이 모든 것들은 언제나 신자를 낮추고 온유하게 만듭니다.

바울이 또 하나의 별이 존재하는 셋째 하늘에 갔다 온 후 하늘나라에 대한 지식으로 너무 행복해서 우울하거나 가볍고도 세속적인 것에 매달릴 수 없었던 것처럼, 우리도 이 땅에서 그렇게 살아야 하는 것입니다.

CHAPTER 12

경고성 징계

징계의 고통은 경고로 가득합니다. 그것은 많은 음성을 가지고 있으며, 그 내용 역시 매우 다양합니다. 또한 그 음성은 충고와 책망과 애정을 담고 있을 뿐만 아니라 경고도 담고 있습니다. 이제 경고의 음성에 관한 몇 가지 예를 살펴봅시다.

경고의 음성

사랑하지 말라

"이 세상이나 세상에 있는 것들을 사랑하지 말라. 누구든지 세상을 사랑하면 아버지의 사랑이 그 안에 있지 아니하니"(요일 2:15).

이 경고만큼 엄숙한 징계의 고통에 대한 말씀도 없습니다. 이 말씀은 세상의 헛됨과 공허함을 드러내면서 그것들을 "사랑하지 말라"라고 경고합니다. 세상의 아름다움이 수세미처럼 시들어 간다는 사실을 보여 주면서 "사랑하지 말라"라고 경고합니다. 세상이 속히 멸망할 것을 지적하면서 "사랑하지 말라"라고 경고합니다.

또한 세상과 아버지를 동시에 사랑하는 것이 불가능하다고 선언하면서 "누구든지 세상을 사랑하면 아버지의 사랑이 그 안에 있지 아니하니"라고 경고합니다.

"세상과 벗이 되고자 하는 자는 스스로 하나님과 원수 되는 것이니라"(약 4:4).

하나님과 세상 사이에는 어떠한 교제도 있을 수 없습니다. 그들은 한지붕 아래서 살 수 없으며, 마음을 합할 수도 없습니다.

모든 탐심을 물리치라

"그들에게 이르시되 삼가 모든 탐심을 물리치라"(눅 12:15).

세상의 위로나 재물은 고난의 때에 결코 도움이 되지 못합니다. 그러한 것들은 우리의 눈물을 씻어 줄 수도 없고, 깨어진 관계를 회복시켜 줄 수도 없습니다. 재물의 헛됨과 공허함은 감출 수 없습니다.

"하나님은 이르시되, 어리석은 자여, 오늘 밤에 네 영혼을 도로 찾으리니 그러면 네 준비한 것이 누구의 것이 되겠느냐 하셨으니"(눅 12:20).

그러므로 우리는 우리에게 '하늘에 둔 바 다함이 없는 보물'이 필요함을 깨달아야 합니다.

"내가 너를 권하노니 내게서 불로 연단한 금을 사서 부요하게 하고"(계 3:18).

모양이라도 버리라

"악은 어떤 모양이라도 버리라"(살전 5:22).

"육체로 더럽힌(얼룩진) 옷까지도 미워하되"(유 1:23).

우리가 미워해야 할 대상에는 육체뿐만 아니라 그 옷도 해당됩니다. 본문은 육체로 인하여 물들고 오염된 옷뿐만 아니라 얼룩진 옷까지도 미워하라고 말합니다.

우리는 단순히 악을 회피할 뿐만 아니라 악과 유사한 모양을 하고 있는 것도 버려야 합니다. 그래서 고난은 우리에게 악에서 떠나 그것을 최대한 멀리하고 간접적으로라도 그것과 관계하지 말라고 교훈합니다. 성경 역시 우리에게 "너희는 내가 미워하는 이 가증한 일을 행하지 말라"(렘 44:4)라고 경고합니다.

서로 원망하지 말라

"형제들아, 서로 원망하지 말라. 그리하여야 심판을 면하리라. 보라, 심판주가 문 밖에 서 계시니라"(약 5:9).

하나님의 가족으로서 마지못해 사랑하는 자가 있어서는 안 될 것입니다. 형제들 가운데는 어떤 시기나 질투나 오해도 없어야 합니다. 이 땅에서 함께 고난당하면서 함께 군사 된 우리가 왜 친구보다 못합니까? 왜 우리는 공동의 운명체이며 같은 위험에 처한 자로서 서로에 대한 강한 애정이 없습니까? 왜 우리는 순수한 마음으로 서로를 따뜻하게 감싸 주지 못합니까?

이러한 사실을 깨닫게 하고 우리의 시기와 질투를 없애며, 서로 마음을 열고 사랑하도록 하기 위해 때로는 고난이 필요한 것입니다.

우상에게서 멀리하라

"자녀들아, 너희 자신을 지켜 우상에게서 멀리하라"(요일 5:21).

만일 우리에게 아직도 우상이 하나라도 남아 있다면 가차없이 부수어야 합니다. 고통을 불러오는 원인 가운데 우상숭배만큼 흔한 것도 없으며, 우상숭배로 인한 고통만큼 그 헛됨을 강력하게 알려 주는 것도 없습니다. 그것은 그리스도께서 아버지의 집이 장사하는 집으로 전락한 것을 책망하면서 사고파는 행위를 엄벌하실 때 사용하신 노끈 채찍과 같습니다.

이러한 경고는 몇 가지 사례에 불과합니다. 지면의 한계로 여기에서 다 인용할 수는 없지만 이러한 예를 얼마든지 찾아볼 수 있습니다.

이기주의와 세속주의를 향한 경고

이러한 경고성 징계가 지향하는 두 가지 핵심적인 대상은 바로 이기주의와 세속주의입니다. 이러한 것들을 우리에게서 발본색원하는 것이 하나님의 뜻입니다.

이기주의

"그들이 다 자기 일을 구하고 그리스도 예수의 일을 구하지 아니하되"(빌 2:21).

이러한 바울의 책망은 불신자에 대한 것이 아니라 그리스도의 교회를 향한 것입니다. 이와 같은 탄식을 내뱉게 한 것은 바로 성도들의 이기주의입니다.

이기주의에는 여러 종류가 있으며 매우 다양한 형태로 제시됩니다. 그것은 그리스도나 그리스도의 교회와 관련되어 있습니다. 또한 우리에게 허락하신 사역이나 우리에게 요구되는 희생, 우리가 견뎌야 할 수고와 관련되기도 합니다.

하나님의 징계가 어떻게 이러한 형태의 이기주의를 겨냥하는지, 그리고 각각의 요소에 대해 치명적인 충격을 가하기 위해 어떻게 가장 바깥에서부터 안으로 조여들어 오는지를 보여 주는 것은 어렵지 않습니다.

그러나 이 일은 너무 방대한 작업입니다. 따라서 우리는 이 가운데 첫 번째 요소인 그리스도와 관련된 이기주의에 대해, 그나마도 피상적으로 살펴볼 것입니다. 그러나 이것은 모든 요소 중에서도 가장 중요하며, 그것에 대한 근절이 곧 나머지 요소에 대한 근절로 이어진다는 점에서 다른 요소와도 연계됩니다.

그리스도에 대한 이기주의는 그분에 대한 무관심에서 나옵니다. 이러한 이기주의는 그리스도보다 자신을 더 사랑한다는 사실에 뿌리를 두기 때문에 그리스도의 인격을 가로막거나 그분을 보지 못하게 가리는 것들은 모두 이기주의가 될 수 있습니다.

즉, 세상에 대한 사랑이나 피조물에 대한 사랑, 인간의 칭찬에 목말라하는 것도 모두 이러한 부류에 속한다고 할 수 있습니다. 이러한 것들은 살아 계신 구주의 영광을 가리고 자신을 살찌우는 어두운 육체입니다.

그것이 전부가 아닙니다. 사탄은 더욱 음흉한 궤계(詭計)를 가지고 있습니다. 그는 우리와 구주 사이에 종교를 공략합니다. 종교적 행위나 의식, 직무가 모두 자신을 높이고 구주를 낮추는 도구로 전락하였습니다.

뿐만 아니라 사탄은 이 말세에 더욱 교묘한 방법을 동원합니다. 그리하여 그리스도의 인격을 그분의 사역으로 대체하여 인격이 배제된 사역에만 관심의 초점을 맞추게 합니다. 그 결과 철저하게 이기적이고도 분파적인 종교가 나타났습니다. 이것이 다소 민감한 주장이라는 것을 모르는 바는 아니지만, 이러한 잘못은 누적되어 왔으며 마땅히 알고 있어야 합니다.

진리에만 매달려 '참되신 그분'을 잊어버리고, 믿음에만 매달려 인격적 대상을 놓쳐 버렸으며, 그리스도의 사역에만 매달려 그분의 인격을 간과한 사람들이 얼마나 많은지 모릅니다. 그들은 그리스도의 인격에 관한 문제를 자신을 초월하는 것이나 적어도 나중에 그분을 직접 대할 때에 해결될 수 있는 문제로 여기는 듯합니다. 그리스도가 그들에게 영생을 주시기 위해 구속사역을 성취하셨다는 사실을 안다면, 그분이 누군가라는 문제는 그리 중요하지 않다는 것입니다.

그들은, "우리는 죄 사함 받았습니다. 우리에게는 평안이 있습니다. 모든 것은 잘될 것입니다"라고 말합니다. 그러나 이러한 복을 주신 그분의 인격에는 거의 관심이 없습니다. 그들에게는 구원이 전부일 뿐

구원자는 아무것도 아니거나 크게 중요하지 않습니다. 그분의 사역의 성취로 충분하며, 그분의 인격의 영광이나 탁월함은 아무것도 아닌 것입니다. 이것이 바로 이기주의가 아니면 무엇입니까?

그들은 그리스도의 사역에서 모든 유익을 얻은 후에 그분을 떠납니다. 이러한 이기주의는 모든 행동과 사고방식 속에 침투합니다. 우리는 그들의 교리의 틀을 통해 그러한 흔적을 발견할 수 있습니다.

속죄에 대한 관점은 이기적입니다. 그들은 하나님이 어떻게 자신의 목적을 성취하셨으며, 그 영광이 어떻게 나타났느냐가 아니라 어떻게 죄인이 구원을 받았느냐에 모든 초점을 맞춥니다. 여호와의 주권과 선택의 은총에 관한 교리도 매우 이기적이며, 하나님의 손에서 죄인을 취하여 자신의 손으로 가져오는 갖가지 방법으로 전락해 버렸습니다.

성령의 사역에 관한 관점 역시 이기적이어서 그분의 도우심만이 절대적인 것이 아니라 사람의 방법과 능력이 구원 문제에 상당한 작용을 한다고 말합니다.

또한 이와 같은 이기적 관점의 교리가 채택되지 않은 곳에도 이기주의적 경향이 팽배한데, 이것은 모두 그리스도의 인격을 무시하는 태도에서 비롯된 것입니다.

그렇다면 징계는 이것과 무슨 상관이 있습니까? 여러 면에서 많은 관련이 있습니다만, 가장 중요한 것은 징계가 우리의 위로와 능력을 전적으로 구주의 인격에 의존하게 한다는 것입니다.

고난의 시기만큼 살아 계신 인격적 구주와의 교제가 더욱 깊어지는 때는 없습니다. 우리가 절대적으로 필요하다고 느끼는 것은 오직 예수님뿐입니다. 진리도 귀하고 사역도 소중하지만, 우리가 가장 귀하게 여겨야 할 것은 그분 자체입니다. 우리가 해야 할 가장 중요한 일은 그분과 함께 있는 것이며, 우리가 눈물을 쏟아 부어야 할 대상 역시 바로 그분이십니다.

이와 같이 고난은 예수님에 대한 의존의 이 복된 필요성을 통해 이기주의의 뿌리를 겨냥합니다. 그리고 우리에게 또 하나의 훨씬 영광스러운 자아를 제시하여, 예수님의 인격 속에 우리의 자아가 완전히 용해되기까지 우리의 비참한 자아를 흡수합니다. 고난만큼 그리스도와 가까이 교제하게 하는 것도 없으며, 자아를 제거하는 데 그것만큼 효과적인 것도 없습니다.

고난은 자아에 대한 하나님의 처방전입니다. 그것은 우리로 하여금 자신의 것이 아니라 예수 그리스도의 것을 찾게 하는 하나님의 방식이며, 진리를 넘어 '진리이신 그분'에게로 우리를 인도하는 방식입니다. 진리도 귀하지만 그것 자체는 냉랭합니다. 그러나 복음의 영광은 우리로 하여금 진리를 넘어 살아 있는 진리의 근원으로 인도합니다. 더 정확히 말하면 그것은 성부의 품에서 나와 아버지께서 주신 자들을 영생 복락을 누리는 그분의 품으로 인도합니다.

그러나 이것은 광범위한 주제이며 여기에서는 다만 약간의 암시만을 제시했을 뿐입니다. 그리고 이 문제는 여기에서 더 이상 다룰 수 없습니다. 이제 하나님의 책망이 겨냥하고 있는 나머지 악에 대해 살펴봅시다.

세속적 삶

우리는 앞서 하나님께서 우리의 이기주의를 치료하시기 위해 또 하나의 자아를 통해 우리의 자아를 예수님의 인격 속에 용해시키신다는 사실을 살펴보았습니다. 이제 하나님께서 우리가 잊어야 할 세상보다 훨씬 더 영광스러운 또 하나의 세계를 제시함으로써 세속적 경향을 치료하신다는 사실에 대해 살펴볼 것입니다. 그것을 완치하는 방법은 이것밖에 없습니다.

우리가 세속적이 되는 것은 믿음이 부족하기 때문입니다. 믿음의 눈으로 장차 올 세상을 바라볼 때 우리는 위에 있는 것들을 사랑하는 법을 배웁니다. 그러나 땅에 있는 모든 것들이 좋아 보이는 한 그것들로 만족할 수밖에 없습니다.

우리는 자신을 세상 속에 파묻은 채 그곳에 조용히 정착합니다. 그러나 하나님께서 우리가 거처하는 곳의 지붕을 벗겨 내시거나 땅을 흔들어 터를 무너뜨리시면, 우리는 위를 바라보면서 더 낫고 영구한 것을 바라지 않을 수 없게 됩니다. 그러나 때때로 진토에 붙어 있는 영혼을 떼어 내기 위해서는 수많은 충격이 필요합니다.

세속적인 것의 반대는 천국을 향한 마음, 또는 영적인 마음입니다. 이것은 우리가 회심할 때 성령께서 어느 정도 맛을 보여 주십니다. 그러나 그것은 매우 미약하기 때문에 쉽게 꺾이고 무너지며, 어떤 유혹도 이겨 낼 만큼 강하지는 못합니다.

하나님께서는 자신에게 속한 것들에 대한 깊은 맛을 보여 주고 세상에 속한 것들에 대한 맛을 잃게 하기를 원하십니다. 그래서 그분은 세상의 단맛을 지닌 모든 것들을 근절함으로써 자신의 뜻을 이루십니다. 또한 그로 말미암아 마음을 땅으로 향하게 하는 것들을 제거하심으로써 마음이 하늘에 속한 것들로 향하게 하십니다. 세속적 기쁨의 근원인 '아랫샘'을 말리심으로써 영원히 마르지 않는 '윗샘'(수 15:19)을 향하게 하시는 것입니다.

성도들 중에도 세속적인 사람이 많습니다. 마음의 동기나 행위에 있어서, 가정생활이나 사회생활에 있어서, 그리고 사소한 일이나 가족의 교육과 관련하여 이러한 세속적 경향을 찾아볼 수 있습니다. 또한 지출에 있어서도 하나님을 위해서는 쓰지 않고 자신만을 위해서 물질을 사용하는 세속적 경향을 찾아볼 수 있으며, 종교적 계획이나 활동, 교제, 그리고 독서나 대화에 있어서도 이러한 경향을 찾아볼 수 있습니다. 한마디로 모든 행실에 있어서 세속적 풍조가 드러나는 것입니다.

그렇게 되면 평안하고 복된 것은 찾아볼 수 없게 됩니다. 그들은 세상과 마찬가지로 초조해하고 불안해하며 분주합니다. 그리고 그리스도를 위해서, 또는 성도를 섬기느라 마지못해 수고하면서 피곤해하고, 물질을 투자하면서 괴로워합니다.

또한 도량이 크고도 관대하지 못합니다. 그리하여 곧 들어가게 될 썩지 않는 기업을 응시하는 자들과는 달리 기꺼이 자신을 헌신하지 못하고 침착하지도 못하며 언제나 동요합니다. 그들은 세속적이며 하늘에 속한 것을 사모하지도 않습니다.

아마도 이러한 세속적 삶에 대한 경고보다 더 엄중한 경고는 별로 없을 것입니다. 교회는 이 악한 세대에서 순례자로 살고 있다는 사실을 쉽게 망각한 채 땅에 속한 시민으로서 살아가려는 경향이 있습니다. 성부의 영원한 선택을 받은 자로서의 위엄이 자취를 감추고, 아들의 나라와 영광을 기업으로 받을 자로서의 소망도 흐릿해졌습니다.

오! 이처럼 소명을 잊은 교회는 자신을 위해 얼마나 많은 눈물을 흘릴 준비가 되어 있습니까? 세상과 단절되고도 구별된 삶을 살지 못한 것 때문에, 그리고 '선조들처럼 세상에서 나그네로 살기를' 거부한 것 때문에, 지금도 얼마나 큰 황폐함이 많은 성도들의 장막 위를 떠돌고 있는지요! 이러한 교훈을 배우기 위해 고난을 자초한다는 사실은 실로 안타까운 일이 아닐 수 없습니다.

거할 곳과 보물이 하늘에 있는 우리가 왜 이 땅에서 거할 곳과 재물을 찾아다닙니까? 왜 우리는 하늘 높은 곳으로부터 몸을 구부려 이미 내버렸던 이 땅의 벗들과 다시 섞이려고 합니까? 자신의 선택에 대해 후회합니까? 순례자의 지팡이가 부끄러운 것입니까? 물론 그렇지는 않을 것입니다.

이 땅에서 진정한 순례자가 되기 위해서는 죄와 악한 습성으로부터, 우리를 유혹하는 세상의 헛되고도 무가치한 모조품으로부터, 그리고 멸망해 가는 세상의 매혹적인 아름다움과 위험천만한 광채로부터 벗어나야 합니다. 이 땅에서 나그네가 되기 위해서는 하나님의 벗, 하늘에 있는 식구의 일원이 되어야 하며, 천국을 소망하는 자, 영광의 면류관의 상속자가 되어야 합니다.

이 땅에서 나그네가 되고 싶지 않은 자가 누구입니까? 예수님과 교회는 처음부터 거할 곳이 없었습니다. 도대체 우리는 얼마나 더 높은 영광을 구합니까? 왜 우리는 이러한 세상과 더 가까이 교제하며 돈독한 관계를 맺으려고 합니까?

우리가 만일 더 나은 기업을 몰랐다면, 버렸던 쾌락을 다시 추구하는 것이 놀라운 일이 아닐 수도 있습니다. 그러나 하나님의 우편에 영원히 거하는 기쁨을 가진 우리에게 세상의 유혹이 무슨 대수입니까? 장차 '왕을 그의 아름다운 가운데서 보며' 은혜로운 입으로부터 나오는 음성을 들을 우리에게 세상의 소리나 광경이 다 무엇이란 말입니까?

언젠가 '겨울이 지나고 비도 그치면' 새 땅을 소유하게 될 자들에게 이 땅의 푸른 비옥함이 무슨 필요가 있습니까? 각색 보석으로 꾸민 기초석에 벽옥으로 된 성곽과 열두 진주 문, 정금으로 이루어진 길을 가진 새 예루살렘의 시민이 되어 하나님과 어린양의 영광 가운데 거할 자들에게, 이 땅에 있는 성읍의 부와 화려함이 무슨 의미가 있습니까?

그렇다면 이제 나그네로 있을 때를 두려움으로 지냅시다.[1] 허리에 띠를 띠고 등불을 켜고 다시 오실 주를 맞으러 나갈 준비를 합시다. 우리가 주의하지 않거나 경고를 무시한다면 그에 대한 징계는 더욱 매서울 것입니다.

오늘날은 성도에 대한 특별한 경고의 시대로 보입니다. 많은 사람들이 주님의 책망 아래 있습니다. 이미 하나님의 집에서 심판이 시작되

---

1. 벧전 1:17 외모로 보시지 않고 각 사람의 행위대로 심판하시는 이를 너희가 아버지라 부른즉 너희가 나그네로 있을 때를 두려움으로 지내라.

었습니다. 하나님은 자신의 백성들을 매우 엄밀하고도 엄격하게 다루십니다. 지금 이 순간에도 많은 성도들이 그분의 무거운 채찍 아래 있습니다. 그것은 악한 날이 오기 전에 그들을 경고하고 깨우기 위함입니다. 그분은 마치 소돔이 멸망하기 전날 밤에 롯을 대하시듯이 그들을 대하십니다.

그러므로 성도는 이러한 경고를 받아들여야 합니다. 열심을 내어 회개하고 처음 행위를 가집시다. 저희 중에서 나와서 따로 있고, 부정한 것을 만지지 맙시다. 어둠의 일을 벗어 버리고 빛의 갑옷을 입읍시다.

하나님은 우리가 깨어 더욱 성숙한 영적 삶을 살며, 더 이상 주저하거나 우유부단하거나 타협하지 않기를 바라십니다. 우리의 믿는 도리의 사도이시며 대제사장이신 분을 깊이 생각하고 그를 좇아 행하라고 촉구하십니다. 또한 우리가 '구름같이 둘러싼 허다한 증인들을 바라보면서 모든 무거운 것과 얽매이기 쉬운 (불신의) 죄를 벗어 버리고 인내로써 주어진 경주에 최선을 다하기를' 바라십니다(히 12:1 참고). 오직 예수만을 바라보면서 말입니다.

살아 계신 하나님의 교회여! 경고를 받으십시오. 자신을 기쁘게 하지 마십시오. 예수님도 자신을 기쁘게 하지 않으셨습니다. 자신을 위해 살지 말고 오직 주를 위해 사십시오. 부르심에 합당한 행동을 하며, 우리를 자신의 신부로 맞아 주신 그분과 영원한 기업에 합당한 삶을 사십시오.

또한 일어나 세상을 향해 경고하십시오! 여러분이 당한 무거운 징계는 이 땅을 위해 예비된 맹렬한 소나기의 전조(前兆)입니다. 그러므로 일어나 그들을 향해 경고하십시오. 다가올 진노를 피하라고 촉구하고 간청하십시오. 그들에게도, 여러분에게도 시간이 없습니다.

　마지막 폭풍이 다가오고 있습니다. 그 어둠의 한 자락이 이미 하늘 가에 드리웠습니다. 하나님의 집에서 심판이 시작되었습니다. 그렇다면 하나님의 복음을 순종하지 아니하는 자들의 그 마지막은 어떠하겠습니까?

생각하건대 현재의 고난은 장차 우리에게 나타날 영광과 족히 비교할 수 없도다

로마서 8장 18절

PART 4

고난의 유익과 위로

- ▶ 징계에 대한 기억과 회상
- ▶ 하늘로부터 내려오는 위로
- ▶ 영원한 안식과 영광

CHAPTER **13**

징계에 대한 기억과 회상

"그의 기적을 사람이 기억하게 하셨으니"(시 111:4).

그렇습니다. 기적은 '영원히 기억되어야' 합니다. 그것은 잊혀지도록 의도되지 않았기에 잊는 것이 불가능합니다. 그럼에도 불구하고 우리는 그분의 놀라운 사역을 잊고 지냅니다. '한갓 이야기인 것처럼' 지나가는 것입니다.

하나님께서 행하신 가장 놀라운 기적 가운데 하나는 징계입니다. 그것은 특별히 기억되어야 합니다. 징계 자체도 기억해야 할 만한 가치가 있지만, 특히 자신과 관련된 경우에는 더욱 그러합니다. 그것만큼 잊기 어려운 것도 없습니다. 왜냐하면 징계만큼 마음에 깊이 새겨지는 것도 없기 때문입니다.

징계는 우리가 이전에 두려워하거나 소망했던 모든 것과 얽혀 있으며, '철필과 납으로 영원히 돌에 새겨졌습니다'(욥 19:24 참고). 고난의 펜만큼 영혼 깊이 기록할 수 있는 펜은 없습니다. 단순한 고난일지라도 그것을 통해 이루시는 하나님의 역사는 쉽게 잊혀질 것 같지 않습니다.

우리는 지난날의 눈물과 슬픔을 회상함으로써 기쁨을 얻습니다. 그러나 이것은 종종 단순히 낯선 추억이 되어 버린 과거에 대한 고독에 잠기거나 자기중심적인 우울감에 젖는 것으로 끝나 버리기도 합니다. 때로는 교만에 빠지기도 합니다. 자신과 같은 고난을 겪은 사람은 아무도 없을 것이라는 생각에 교만해지는 것입니다.

또한 시들어 가는 꽃을 바라보면서 명상에 잠기거나 해 지는 저녁노을을 회상하거나, 몰락해 가는 세상과 높게 펼쳐진 하늘의 아름다움을 비교하면서 세속적인 감상에 젖을 때도 있습니다.

그러나 이것은 하나님께서 바라시는 바가 아닙니다. 하나님은 단순히 슬픈 기억이 아니라 하나님의 징계로서의 고난, 즉 우리에게 베푸신 은혜와 연결된 고난을 회상하기를 원하십니다.

우리의 본성적 마음은 이 두 가지를 구별합니다. 한 가지를 기억하면 다른 것은 잊게 되어 있으며, 그리하여 하나님의 뜻을 좌절시킵니다. 하나님은 언제나 우리에게 자신을 내어 주십니다. 그리고 다만 현재와 미래의 모든 역사만이 아니라 우리의 모든 과거와도 밀접하게 연결된 상태로 언제나 우리 앞에 머물러 있기를 원하십니다.

이와 관련하여 하나님은 자신의 마음을 이스라엘에게 다음과 같이 표현하셨습니다.

"네 하나님 여호와께서 이 사십 년 동안에 네게 광야 길을 걷게 하신 것을 기억하라. 이는 너를 낮추시며 너를 시험하사 네 마음이 어떠한지, 그 명령을 지키는지 지키지 않는지 알려 하심이라. 너를 낮추시며 너를 주리게 하시며, 또 너도 알지 못하며 네 조상들도 알지 못하던 만나를 네게 먹이신 것은 사람이 떡으로만 사는 것이 아니요 여호와의 입에서 나오는 모든 말씀으로 사는 줄을 네가 알게 하려 하심이니라. 이 사십 년 동안에 네 의복이 해어지지 아니하였고 네 발이 부르트지 아니하였느니라. 너는 사람이 그 아들을 징계함같이 네 하나님 여호와께서 너를 징계하시는 줄 마음에 생각하고"(신 8:2-5).

하나님은 광야에 대한 기억이 이스라엘의 마음에 영원히 새겨지기를 원하셨습니다. 그래서 분명히 이 부분을 매우 강조하십니다. 하나님은 이스라엘이 자신과 함께했던 광야에서의 삶과 자신의 인도하심의 유익을 잊지 않게 하고 싶었습니다. 그것은 잊어버리기에는 너무나 소중한 경험이었던 것입니다. 철저히 고립된 상태로 오직 하나님과 교제했던 사십 년은 그들에게 하나님과 그들 자신에 관해 많은 가르침을 주었으며, 영원히 기억해야 할 소중한 교훈이었습니다.

모든 명칭이 제각기 놀라운 장면과 연결되고, 모든 바위가 제각기 들려줄 이야기가 있습니다. 그들의 대적과 위험, 배고픔과 목마름, 만나와 생수, 불평과 감사, 행진과 주둔, 해어지지 아니한 의복, 철이나 동처럼 튼튼했던 신발, 부르트지 아니한 발, 그리고 무엇보다도 그들 위에 머물렀던 구름과 그들과 함께했던 여호와의 성막, 이 모든 것들은 결코 잊지 말아야 할 것들이었습니다. 그 모든 것들이 광야와 관계됩니다.

이러한 기적을 경험한 집단은 예전에도 없었으며 그 후에도 일어나지 않았습니다. 그것은 오직 단 한 번 일어날 수 있는 일이었습니다. 그리고 그 한 번의 경험은 이스라엘 민족이 반드시 기억하여 후손에게 길이 물려줄 소중한 유산이 되었습니다.

성도의 광야 시절과 광야에서의 시련도 마찬가지입니다. 그러한 것들이 소기의 목적을 다 이루었다고 해서 그것들을 잊어도 되는 것처럼 생각해서는 안 됩니다. 그것은 법궤 속의 만나와 같이 보관되어야 할 뿐만 아니라 언제나 우리 앞에 있으면서 날마다 우리의 양식이 되어야 합니다.

이와 같이 고난은 그 고통이 사라지고 오랜 시간이 지난 후에도 우리에게 유익을 줍니다. 그것은 평생 복된 보화를 제공할 수도 있고 일생 동안 채취할 수 있는 금광이 될 수도 있습니다.

그러나 우리는 이러한 사실에 대해 거의 알지 못합니다. 우리는 시련을 마치 잠시 왔다가 곧 그쳐 버리는 소나기처럼 생각할 때가 많습니다. 그러나 사실 그것은, 반석을 쳐서 광야 여정 내내 우리와 함께할 새로운 물을 솟아나게 합니다.

이러한 징계의 유익은 끝이 없습니다. 그것들은 매 순간 새롭게 다가옵니다. 우리가 햇볕을 쬐면서 평안히 앉아 있을 때에도 지난날의 폭풍을 통해 유익을 얻을 수 있습니다. 그것은 징계를 경험한 자에게 위로가 됩니다. 잠시의 고난은 순간마다 영속적인 기쁨으로 변합니다. 우리가 이렇게 얻은 것이 더욱 풍성한 복이며 더욱 거룩하고도 심오한 기쁨인 듯합니다.

그러므로 지나간 시련을 기억하고 그것을 모아 이 땅에서 가장 소중한 보화처럼 간직합시다. 이처럼 기억해야 할 것이 많은 성도는 그의 기업에서 기쁨을 누리기에 합당합니다.[1] 우리가 고통 가운데서도 부드럽고 평온한 영향력을 행사할 수 있는 것은 모두 이러한 이유 때문입니다.

실제로 고난을 당하고 있는 중에는 그것을 느끼기가 어렵습니다. 아마도 우리는 감정을 빼앗겨 버린 것처럼 어찌할 바를 모르고 멍하니 앉아 있을 것입니다. 설사 느낀다고 해도 고통의 아픔과 상처가 여전히 남아 있어서 평온하기보다는 위축되기가 쉽습니다. 때로는 영적 갈등과 혼돈으로 인하여 정말로 고난이 유익한 것인지를 의심하면서, 유익을 주기에는 고난의 정도가 너무 심하다고 생각합니다.

그러나 기억을 하는 경우에는 모든 것이 달라집니다.

"무릇 징계가 당시에는 즐거워 보이지 않고 슬퍼 보이나 후에 그로 말미암아 연단 받은 자들은 의와 평강의 열매를 맺느니라"(히 12:11).

상처 자국은 남을지라도 피는 더 이상 나지 않습니다. 비로소 아문 상처를 바라보면서 회복하는 과정이 진행되고, 과거에 대한 모든 기억이 그것을 돕습니다.

회상은 고난의 현장에 비해서는 피부에 와 닿는 느낌이 적습니다. 우리는 그것을 직접적으로 의식하지는 못합니다. 그러나 그것이 우리

---

1. "진실로 어떤 십자가도 우리에게 옛것이 되어서는 안 됩니다. 우리는 우리와 십자가 사이에 오랜 세월의 장벽이 있다는 이유로 잊어서는 안 되며, 그것을 낡은 옷과 같이 내버려서도 안 됩니다. 우리는 십자가를 옛것으로 만들기도 하고 새롭게 사용할 수도 있으며 마치 처음과 같이 유익을 얻을 수도 있습니다." - 사무엘 루터포드(S. Rutherford)

의 성품과 기질과 의지와 판단력에 은근히 미치는 영향력은 실로 대단합니다.

죽음의 병상, 이별, 장례식, 파헤친 무덤, 관 위로 떨어지는 흙, 흙더미를 덮은 낯선 잔디, 이 모든 것은 마치 생명을 다한 칼과 같습니다. 그러나 이러한 것들은 평안을 주기보다는 슬픔을 줍니다. 이러한 장면에 대한 회상, 무덤을 자주 찾는 일, 조용한 사후 규명과 이 모든 것을 섭리하신 하나님의 계획에 대한 묵상, 이러한 것들은 전부 한 영혼의 일생에 조용한 영향을 미칩니다. 그것들은 부드러운 대기로 우리를 감싸며, 저녁 구름으로 훨씬 누그러진 일몰의 빛을 비춥니다.

이러한 회상은 또 다른 면에서도 소중합니다. 그것은 우리에게 하나님이 진실하시다는 사실을 가르칩니다. 시련 자체는 물론, 그것에 대한 회상도 많은 것을 가르쳐 줍니다. 성도에게는 이러한 교훈이 더욱 필요합니다. 그들도 하나님이 확실히 우리의 아멘이 되신다는 것과 '충성되고 참되시며', 그분이 교회를 향해 하신 모든 말씀이 진실하다는 사실을 배워야 합니다.

우리가 과거를 회상하면서 그분이 우리를 어떻게 인도하셨는지를 돌아볼 때 얼마나 신선한 확신을 가지게 되는지요! 우리는 여호수아가 죽을 때 이스라엘에게 선언했던 말씀에 대해 날마다 아멘으로 화답할 것입니다.

"보라, 나는 오늘 온 세상이 가는 길로 가려니와 너희의 하나님 여호와께서 너희에게 대하여 말씀하신 모든 선한 말씀이 하나도 틀리지 아니하고 다 너희에게 응하여 그중에 하나도 어김이 없음을 너희 모든 사람은 마음과 뜻으로 아는 바라"(수 23:14).

참으로 '모든 것이 합력하여 선을 이룹니다'(롬 8:28 참고). 현재와 마찬가지로 과거도 그러합니다. 그리하여 우리가 마시는 물이 점차 깊어지고, 수많은 환난이 그 속으로 녹아 들어갑니다. 올해는 '발목까지'였으나 내년에는 '무릎까지' 올 것이며, 내후년에는 '허리에' 이를 것입니다. 그리고 그것이 우리의 가슴까지 창일(漲溢)하여 대양에 이를 때쯤이면 '건너지 못할' 강을 이룰 것입니다(겔 47:3-5 참고).

그러나 진정 성도에게 풍성한 교훈과 복과 기쁨으로 가득한 징계에 대한 기억과 광야에 대한 회상이 이렇게 소중하다는 사실을 우리는 얼마나 깨닫고 있습니까?

CHAPTER 14

하늘로부터 내려오는 위로

하나님의 아들이 육신을 입고 돌아가신 목적은 많은 아들들을 영광으로 인도하기 위함입니다. 이것은 결코 평범하거나 하찮은 목적이 아닙니다. 여호와께서는, 이러한 목적을 위해 '구원의 창시자를 고난을 통하여 온전하게 하심'(히 2:10)을 합당하게 여기실 만큼 그것을 위대하고도 가치 있는 일로 여기셨습니다.

그것은 '만물이 그를 위하고 또 그로 말미암은' 하나님께 합당한 목적이었습니다. 또한 예수께서 고난과 죽음을 맛보신 것이 합당하며 독생자를 아끼지 않으신 성부 하나님을 정당화할 만큼 영광스러운 목적이었습니다. 그러므로 이와 같이 크신 은혜를 입은 성도들은 하나님이 보시기에 매우 소중한 자임이 틀림없습니다.

하나님은 언제나 그들에게 복을 주시고 그들과 영원히 함께 계시고자 했습니다. 하나님은 에녹을 너무나 기뻐하신 나머지 그와 더 이상 떨어져 계실 수 없어서 그가 인생의 길을 다 달려가기 전, 즉 죽음을 맛보기도 전에 데려가셨습니다. 성도들도 마찬가지입니다. 오래전에 이 땅을 떠나신 하나님은 그들을 속히 영광 가운데로 데려가려고 서두르고 계십니다.

하나님이 그들을 위해 예비하신 영광은 놀라울 것임이 틀림없습니다. 그가 아들을 고난 가운데 내어 주사 슬픔을 당하게 하신 것은 모두 그들을 그곳에 데려가기 위함입니다. 눈으로 보지 못하고 귀로도 듣지 못하며 우리가 생각하는 것보다 훨씬 멀리 있지만, 그것은 모두 엄연한 실제입니다.

그분은 우리를 위해 한 성읍을 예비하셨기에 우리의 하나님이라고 일컬음 받으심을 부끄러워하지 않으십니다. 만일 이 성읍이 하나님 자신을 내어 주실 만큼 가치가 있는 것이 아니라면 그분을 '우리의 하나님'이라고 부르는 것을 부끄러워하셨을 것입니다. 이것은 하나님 편에서는 큰 복을 함축하며 우리 편에서는 큰 기대를 가지게 하는데, 그분은 결코 이러한 기대를 저버리지 않으십니다.

하나님은 비록 독생자의 고난이라는 대가를 치르셨지만 너무 비싼 값을 치르고 이 영광을 사셨다고는 생각하지 않으십니다. 하나님께서 우리가 장차 얻게 될 영광에 대해 이렇게 생각하신다면, 우리도 마땅히 그렇게 생각해야 하지 않겠습니까?

만일 하나님이 그것이 독생자의 모든 고난에 해당하는 가치가 있다고 생각하셨다면, 우리도 이 땅에서 보잘것없는 고난을 받는 것이 마땅한 가치가 있다고 생각해야 하지 않겠습니까? 그렇다면 우리는 마땅히 "생각하건대 현재의 고난은 장차 우리에게 나타날 영광과 족히 비교할 수 없도다"(롬 8:18)라고 고백해야 하지 않겠습니까?

이것이 위로입니다. 그것은 가장 자연스럽게 따라오는 것으로서 성경적일 뿐만 아니라 실제적입니다. 이러한 위로는 주로 고난받는 성도에게 주어지는데, 우리는 그것을 매우 소중하고 적합한 것으로 여겨야 합니다. 그러나 이 위로가 가장 일반적이고도 자연스럽기는 하지만 유일한 것은 아닙니다. 이제 몇 가지 다른 위로를 살펴봅시다.

고난 속에 나타난 위로

예수님이 우리와 함께 우십니다

우리가 고통당하면 예수님도 고통당하십니다. 그분은 모든 슬픔을 겪으셨기 때문에 우리의 슬픔을 아시며, 그것을 느끼십니다. 그분은 우리의 연약함과 우리의 슬픔을 친히 맛보신 것입니다.

예수님은 온전한 인성을 입으셨으며 영광에 있어서도 온전한 사람이셨습니다. 또한 이 땅에서 '우리와 함께 거하실 때' 맛보지 않으신 것이 없기에 우리의 모든 짐과 슬픔을 온전히 체휼하셨습니다. 그분은 우리와 동일한 삶을 사셨으며, 그분의 모든 삶은 깊고도 실제적이고 참됩니다. 그것은 결코 허구나 꾸며 낸 이야기가 아닙니다.

우리가 비록 우리를 위해 흘리시는 그분의 눈물을 볼 수 없으며 그분의 손을 잡지도 못하고 심장소리를 들을 수도 없다고 하더라도 실제로 주님은 분명히 고난 가운데 있는 우리와 함께 교제하고 계십니다.

우리는 어떻게 이런 일이 가능한지 알 수 없습니다. 그러나 그분은 모든 것을 알고 계시며, 우리가 이해하든 못하든 상관없이 우리로 하여금 그것을 느끼도록 만드십니다.

우리는 그리스도의 고난에 참여한 자입니다

이 얼마나 영광스러운 말씀입니까? 우리는 그리스도와 함께 세례를 받았습니다. 우리는 그분의 잔을 마시고 그분과 함께 고난을 받으며, 장차 그분과 함께 영광 가운데 거하게 될 것입니다. 이 얼마나 기쁘고도 든든한 말씀입니까?

비난과 수치와 굶주림을 당할 때, 그분도 동일한 고난을 당하셨음을 기억합시다. 겟세마네로 내려가거나 십자가를 져야 한다면, 그분이 우리보다 먼저 그 길을 걸으셨음을 기억합시다. 이러한 사실에 초점을 맞출 때, 우리는 "너희를 위하여 받는 괴로움을 기뻐하고 그리스도의 남은 고난을 그의 몸 된 교회를 위하여 내 육체에 채우노라"(골 1:24)라고 하는 사도의 마음을 이해하게 될 것입니다.

그리스도보다 더 나은 대우를 받으려는 것은 생각이 깊은 영혼이 기대할 바도 아니며, 그를 사랑하는 자가 원하는 바 또한 아닙니다.

고난은 가족의 몫입니다

이에 관해서는 이미 살펴보았지만 여기에서는 위로에 초점을 맞추어 간단히 제시하고자 합니다. 고난의 길은 인적이 드문 길이 아닙니다. 모든 성도가 그 길을 밟아 왔으며, 우리는 그곳에서 그들의 행적을 추적할 수 있습니다. 이 사실을 마음에 새긴다면 큰 위로와 큰 힘이 될 것입니다.

우리가 차꼬에 매여 토굴에 갇혔을 때, 우리 앞서 많은 순교자들이 그곳에 있었다는 사실을 알면 위로가 되지 않겠습니까? 토굴 벽면을 가득히 메운 자필 서명들을 보면서 힘이 솟지 않겠습니까? 이것은 우리가 모든 고난 가운데서 얻을 수 있는 위로입니다. 우리가 던짐을 받은 풀무는 우리보다 앞서 간 많은 성도들을 통해 신성하게 된 곳이기 때문입니다.

모든 것이 합력하여 선을 이룹니다

성도에게는 부적합하거나 시의 적절하지 않거나 유익이 되지 않는 것이 없습니다. 모든 악에서 선이 나오며 모든 어둠에서 빛이 나오고 모든 슬픔에서 기쁨이 나옵니다. 모든 고통은 크든 작든 하나님께서 계획하신 하나님의 뜻, 우리에게 반드시 필요한 그 일을 수행합니다.

땅에 있는 모든 힘은 같은 선상에 놓이지 않는 한, 거의 그렇게 되지도 않습니다만, 상호 반작용을 통해 한 방향으로 흐르지 못하게 하는 경향이 있습니다. 그러나 하나님께서 고난 중에 있는 성도에게 가하시는 힘은 모두 동일한 방향의 추진력을 가집니다. 어느 방향에서 오든, 설사 동시에 양쪽에서 올지라도, 그 모든 힘은 우리가 앞을 향해 전진하도록 도와줍니다.

"모든 것이 합력하여 선을 이루느니라"(롬 8:28).

"만물이 다 너희 것임이라"(고전 3:21).

모든 시련에는 특별한 은혜가 있습니다

시련은 우리 속에 있는 약한 부분을 빛으로 인도합니다. 그리고 동시에 하나님의 능력을 이끌어 내어 우리의 약한 부분과 만나게 합니다. 이러한 능력은 우리가 이전에 알지 못했던 새로운 힘과 은혜의 원천입니다.

우리는 확실히 고난을 통해 이전보다 하나님에 관해 더욱 많은 것을 배우게 됩니다. 우리에게 그러한 기회를 주고, 또한 그것을 보내신 이가 하나님이심을 알려 주기 위해서 시련을 주시기 때문입니다. 고난이 없었다면 우리는 하나님에 대해 거의 알지 못하였을 것입니다. 그러므로 오히려 우리는 어둡고 암울한 시기에 더욱 풍성하고도 온전한 복과 사랑을 누릴 수 있는 것입니다!

고난의 때는 하나님을 영화롭게 할 수 있는 절호의 기회입니다

하나님은 이 땅에서 우리를 통해 영광 받기를 원하십니다. 그 영광은 천사들이 드릴 수 없으며, 우리 역시 오는 세상에서는 하나님께 드릴 수 없습니다. 우리가 천사들에게 말씀을 전해야 할 장소도 이곳이며, 그들에게 영광의 하나님이 우리와 함께 계신 것을 보여 줄 곳도 바로 이곳입니다. 우리의 전 생애는 이 목적을 위해 주어졌습니다.

그런데 하나님은 특히 우리의 고난과 연약함을 통해서 영광 받기를 원하십니다. 이 땅에서 고통과 슬픔 중에 있는 성도가 더욱 하나님께 매달리면서 그분만 의지하고, 폭풍과 고난 가운데서도 행복하고 평안하게 지내는 것을 보는 것은 얼마나 귀한 일입니까? 또한 하늘의 천군

천사에게는 얼마나 놀라운 장면이 되겠습니까?

지금은 온 성도가 하나님 여호와께 영광을 돌릴 때입니다. 그러므로 영광을 돌릴 수 있는 가장 좋은 시간과 기회가 될 수 있는 고난을 가볍게 여겨서는 안 됩니다. 이러한 시기를 잘 이용해야 합니다. 고난이야말로 그러한 기회라는 사실을 생각하면 얼마나 위로가 됩니까?

확실히 그것은 천사가 흠모하고 천사장도 놀라워할 일입니다. 그들은 하늘의 복된 영광 가운데서 하나님을 찬양할 뿐 우리처럼 이 땅에서 고난과 수치 가운데서 하나님께 영광을 돌릴 수는 없습니다.

고난은 우리를 죄에서 벗어나게 합니다

모든 고난은 죄를 관통하는 못이며, 육에 대한 또 다른 타격입니다. 그것은 죄의 힘을 파괴합니다. 우리가 첫 번째 생명을 받아 태어나면 죄의 사슬이 우리를 결박하며, 하나씩 이어지는 사슬고리가 우리를 얽어매기 시작합니다. 그리고 우리가 더 나은 생명을 얻어 새롭게 되기 시작할 때 이러한 사슬이 하나씩 풀리기 시작합니다. 이때 고난은 이 고리를 더욱 속히 풀리게 합니다.

이 땅의 마지막 고리는 우리가 죽음에 이르거나 예수께서 오셔야만 완전히 풀리겠지만, 계속되는 시련이 복된 종말에 도움이 된다고 생각하면 위안이 됩니다. 우리가 죄와 악한 행실과 유혹을 벗어나 천국에 대한 소망을 가지고 더욱 거룩한 삶을 살면서 하나님의 형상을 닮아갈 수만 있다면, 일생 동안 당하는 고난은 그리 길거나 무거운 것이 아닐 것입니다.

하나님은 고난을 우리와 세상을 가르는 쐐기처럼 사용하십니다. 즉, 고난을 마치 보습과 같이 사용하시어 우리가 세상을 지긋지긋하게 생각할 때까지 우리가 가장 소중하게 여기는 희망이나 전도유망한 장래를 갈아엎으십니다.

욥은 "주께서 나를 시들게 하셨으니"(욥 16:8)라고 하였습니다. 그러나 우리는 이러한 한탄에 조금도 놀랄 필요가 없습니다. 그는 당연히 시들어야 합니다. 우리도 마찬가지입니다. 하나님은 우리를 시들게 하실 뿐만 아니라 모든 것에 대해 철저히 시들게 하실 것입니다. 우리는 이 악한 세상에 대해, 자아에 대해, 죄에 대해, 고통에 대해, 사망의 몸에 대해, 악한 마음에 대해, 이 땅에 대해, 즉 예수를 제외한 모든 것에 대해 시들어야 합니다.

다만 그 어떠한 시련도 예수에 대해 시들게 할 수는 없습니다. 고난은 그분을 더욱 사모하게 할 뿐입니다. 그렇다면 고난은 참으로 유익한 것이 아닙니까? 그것은 예수님을 존귀히 대하게 하고 세상을 싫어하게 만들며, 우리의 마음에 그분을 더욱 가까이 모시게 하고 세상을 더욱 멀리하게 합니다.

우리는 이 땅에서 유익한 도구가 되기 위한 준비를 합니다

이 땅에서의 우리의 생애는 짧지만, 얼마나 유익하게 보내느냐에 따라 매우 중요한 기간이 될 수 있습니다. 우리는 오직 한 번뿐인 인생을 삽니다. 그리고 그 인생은 전적으로 하나님을 위한 것이어야 합니다.

그러나 하나님의 쓰임을 받기 위해서는 준비가 필요합니다. 우리는 철저히 깨어지고 부서지며 자신을 완전히 비워야 합니다. 하나님은 우리가 그렇게 납작하게 될 때까지 우리를 사용하지 않으십니다. 우리가 그러한 자격을 갖추지 못한다면 하나님 역시 영광을 받으실 수 없기 때문입니다. 그러므로 그분은 우리를 주인이 쓰시기에 합당한 그릇으로 만들기 위해 무겁고도 쓰라린 시련을 보내십니다.

우리는 종종 가장 힘든 시련이 가장 유익한 도구를 만들어 내는 것을 볼 수 있습니다. 우리가 철저히 깨어지고 낮아질 때, 우리는 비로소 그분이 쓰시기에 합당한 도구가 되며, 모든 영광이 그분에게로 돌아갑니다.

하나님은 종종 상한 갈대를 통해 놀라운 기적을 행하십니다! 하나님께서 자신의 놀라운 이적과 기적을 행하실 때 가장 자주 사용하시는 도구가 바로 상한 갈대입니다. 이 말씀은 얼마나 위로가 되는지요! 고난이 갑절의 영감과 함께 올 때 고통은 반으로 줄며 우리는 이 땅에서 갑절의 쓰임을 받을 수 있습니다.

우리에게는 보혜사 성령이 계십니다

성령님은 우리를 거룩하게 하실 뿐만 아니라 우리를 위로하십니다. 그분의 이름은 '보혜사'입니다. 보혜사의 직무는 위로하는 것입니다. 그분은 이 직무를 수행하기 위해 자신의 능력을 발휘하십니다. 이러한 능력은 우리의 영혼이 연약하거나 고통 가운데 있을 때 말씀이라는 매개체를 통해 간접적으로 나타나거나 혹은 우리 영혼에 직접 나타나서 우리를 붙드시고 힘을 주십니다.

우리의 상처 입은 심령을 어루만져 일으켜 세우시고 마음에서 솟아나는 슬픔의 샘을 말리시는 하나님의 전능하신 손길이 있다는 사실은, 우리에게 말할 수 없는 위로가 됩니다. 고난의 날에 진토에 엎드려 있을 때, 우리의 영혼에 가까이 다가와 어루만지고 일으켜 세워 힘을 주시는 손길보다 더 필요한 것이 있겠습니까?

이 땅에는 우리에게 위로를 줄 수 있는 것이 없습니다. 친구가 아무리 여러 말로 위로해도 슬픔의 깊숙한 좌소까지는 손길을 뻗지 못합니다. 그들도 지친 육신 근처로 팔을 내밀 수는 있겠지만 지친 영혼에게는 다가오지 못합니다. 그들은 멀리서 간접적인 접근밖에 할 수 없는 것입니다.

그러나 하늘의 손길은 그렇지 않습니다. 성령께서는 영원한 팔로 우리를 감싸 안으시고 우리를 붙드십니다. 그분이 그렇게 우리를 붙들고 위로하며 힘을 주시기 때문에 우리는 결코 쓰러지지 않습니다. 우리를 붙들고 위로하며 힘을 주는 일에 그보다 능한 자가 누구이겠습니까?

이 세상은 잠깐입니다

우리는 셋이나 노아, 또는 아브라함과 같은 순례의 길을 걸어오지는 않았습니다. 그들에 비하면 우리의 여정은 손바닥 정도의 넓이에 불과합니다. 우리는 고난을 많이 겪지 않았으며 뜬눈으로 밤을 지샌 적도 별로 없습니다. 그럼에도 불구하고 우리의 전 생애는 근심과 잠 못 이루는 밤의 연속이었습니다. 그러나 그것은 '잠시 받는 환난의 경한 것'(고후 4:17)입니다.

이와 같이 세상에서 거하는 날이 잠깐일 뿐만 아니라 주께서 오실 날이 임박했다는 사실을 압니다. 이것은 환난의 끝이 다가오고 있으며 승리의 날이 밝아 오고 있다는 사실을 알려 줍니다. 그리고 개인적인 환난이 끝나고 안식할 뿐만 아니라 온 교회가 안식과 구원을 누릴 때가 왔다는 사실을 알려 줍니다.

그러하기에 이것들은 우리에게 더욱 큰 위로가 됩니다. 그날이 오면 깨어 있든 졸고 있든, 모든 '그리스도의 지체'는 영광의 주님과 함께 영화로운 몸으로 변화하여 영원한 기쁨을 누리게 될 것입니다.

사별의 아픔이나 예수 안에서 잠든 자로 인한 슬픔에 빠져 있을 때 이러한 위로는 큰 힘이 됩니다. 하나님께서는 예수 안에서 잠든 그들과 함께 오실 것입니다. 주께서 가까이 계신다는 것은 다시 만날 날이 멀지 않다는 말입니다.

초저녁에 자리에 누운 자는 긴 밤을 꼬박 보내지만 새벽녘에 잠든 자는 한두 시간도 못 되어 아침을 맞습니다. 이 마지막 때에 그리스도 안에서 죽은 자도 마찬가지입니다. 그들은 오래 잘 수가 없습니다. 이미 사경(四更)이 되었으며 샛별이 밝아 오고 있습니다. 이 얼마나 큰 위로이며, 이별의 고통을 덜어 줍니까! 상처 입은 영혼에게 이 얼마나 큰 힘이 됩니까!

우리는 날마다 "티끌에 누운 자들아, 너희는 깨어 노래하라"(사 26:19)라는 말씀을 새기고 고백해야 합니다. 또한 망대에 서서 어둠을 응시하면서 새벽 여명을 기다려야 합니다. 우리는 귀를 땅에 대고 세상의 소음과 전쟁과 난리의 소문 속에서 여호와의 첫 번째 병거소리를 들어야 합니다. 그분의 수레바퀴는 아마겟돈 전쟁을 이기고, 여호와와 그 기름부음 받은 자를 대항하여 일어난 연합동맹군을 무찌를 것이며, 정혼한 신부의 품에 그녀가 눈물과 고독 속에 수세기를 애타게 기다려 온 남편을 돌려줄 것입니다.

고난은 사랑의 매입니다

고난은 아버지의 사랑을 나타냅니다. 샘솟는 사랑의 샘의 가장 깊은 곳에서 우리를 향한 눈물이 흘러나옵니다. 사랑은 우리를 잘못되게 하지 않습니다. 그것은 복이지 결코 저주가 아닙니다. 사랑의 언어와 행동은 모두 평안과 기쁨을 줍니다. 그것은 자신을 쏟아 부을 큰 그릇과 그것이 흘러 들어갈 수 있는 더욱 깊은 수로를 필요로 합니다. 그것이 전부입니다.

사랑은 우리로 하여금 자비에 민감하게 만든 후에 자신의 자비를 쏟아 붓습니다. 바로 사랑이 상처 입은 심령에 채찍을 가하는 진실한 원천입니다. 사실 고난을 설명할 수 있는 길은 이것밖에 없습니다.

분노나 망각이나 기회와 같은 것으로는 그것을 설명할 길이 없습니다. 사랑 외에는 어떤 것으로도 그 원인을 추적하는 것이 불가능합니다. 즉, 사랑을 고난의 원천으로 인정할 때만 모든 것은 조화롭고 아름다우며 완전해집니다. 그러나 그 사실을 인정하지 않을 때에는 모든 것이 혼돈과 잔인함과 어둠 속으로 빠져 들게 됩니다.

징계의 사랑은 신실하고도 순수하며 진실하고 온유하며 가장 심오합니다. 우리는 이러한 사실에 위로를 받아야 합니다.

사랑을 입은 자에게는 모든 것이 합력하여 선을 이루기에 고난도 유익합니다. 우리는 이 땅에서 고난당하는 시기를 밤이라고 부르지만, 그날에는 그때가 가장 밝고도 아름다운 시간이 될 것입니다. 특히 우리의 슬픔과 눈물을 씻어 주신 여호와를 영원히 찬양할 것입니다.

그때는 우리가 어떻게 항상 애통해하며 탄식했는지 의아해할 정도로 놀라운 복을 누리게 될 것입니다. 그리고 우리가 이 모든 은혜에 얼마나 합당하지 못한 자였는지를 깨닫게 될 것입니다. 우리는 아무것도 한 것이 없으며, 다만 최소한의 고난을 겪었을 뿐입니다. 우리의 기쁨은 모두 순전한 은혜이며 우리의 슬픔 역시 그러합니다. 이와 같이 시련이 '하나님의 은혜의 지극히 풍성함'으로부터 나오는 것입니다.

CHAPTER 15

영원한 안식과 영광

"**참으면 또한** 함께 왕 노릇 할 것이요, 우리가 주를 부인하면 주도 우리를 부인하실 것이라"(딤후 2:12).

이 땅에서 고난에 동참한다는 것은 장차 있을 영광에 동참한다는 보증입니다. 이 두 가지는 불가분리(不可分離)의 관계에 있습니다. 그분의 수치가 이 땅에서 우리의 것이며, 그분의 영광이 하늘에서 우리의 것입니다. 그러므로 "너희가 그리스도의 고난에 참여하는 것으로 즐거워하라. 이는 그의 영광을 나타내실 때에 너희로 즐거워하고 기뻐하게 하려 함이라"(벧전 4:13)라는 말씀대로 기뻐하고 즐거워합시다.

진실로 이 땅에서 우리가 당하는 고난은 장차 우리에게 나타날 영광과 족히 비교할 수 없습니다(롬 8:18 참고). 썩지 않는 면류관과 '빛 가운데서 성도의 기업'(골 1:12)은 지극히 영화롭기 때문에 현재의 고난을 끄집어내는 것조차 부끄러울 정도입니다.

영원한 빛은 이 땅의 어둠을 덮어 버리고도 남을 것입니다. 천국의 복은 이 땅의 불행과 우리의 불평을 삼켜 버리고도 남을 것입니다. 영원의 한 시간, 주님과 함께 잠시만 있어도 광야 같은 한평생을 모두 잊어버릴 것입니다.

그러나 그것이 전부가 아닙니다. 이 땅에서의 환난은 장차 올 기쁨을 배가시킬 뿐입니다. 우리의 고난은 '빛'이요 '잠시'이지만, 우리에게 훨씬 영화롭고도 영원한 영광을 제공합니다. 현재의 슬픔은 영원한 면류관의 가치를 더욱 높여 줄 뿐입니다.

어떻게 그렇게 되는지는 알 수 없습니다. 다만 하나님의 권능으로 그러한 일이 실제로 일어날 것임을 아는 것만으로 충분합니다. 그렇다면 이렇게 기쁘고도 확실한 결과를 준비하는 일에 불평하고 거역할 필요가 있습니까?

이러한 보상의 본질에 대해 하나님은 적어도 인간의 언어와 비유로 제시할 수 있는 한 많은 계시를 주셨습니다. 우리는 아시아에 있는 일곱 교회에 보낸 서신을 통해 이 다양한 보상에 관한 자세한 기록을 볼 수 있습니다. '이기는 그'에게는 '풍성한 영광'이 제공됩니다. 일곱 승리자에게는 각각 다른 보상이 주어집니다. 모두 합하면 이 일곱 가지 보상 속에는 무한한 복이 온전히 들어 있음을 알 수 있습니다.

한 이기는 자에게는 '생명나무'(계 2:7)가 약속되며, 다른 이기는 자에게는 '생명의 관'과 함께 둘째 사망으로부터 해를 받지 아니할 것이라는 약속이 주어집니다(계 2:10,11 참고). 또 다른 이기는 자에게는 '감추었던 만나'와 '흰 돌'이 주어지는데, 이 돌 위에는 받는 자밖에 알 수 없는 새 이름이 기록되어 있습니다(계 2:17 참고). 다른 이기는 자에게는 철장으로 만국을 다스리는 권세와 새벽별이 주어집니다(계 2:26-28 참고).

다른 이기는 자에게는 흰옷이 주어지고 그 이름이 생명책에 기록됩니다(계 3:5 참고). 다른 이기는 자에게는 하나님의 성전의 기둥이 되게 하고, 그에게 하나님과 하나님의 성, 곧 새 예루살렘과 하나님 자신의 이름을 기록합니다(계 3:12 참고). 다른 이기는 자에게는 "이기는 자는 이것들을 상속으로 받으리라"(계 21:7)라고 하신 말씀대로 그리스도의 보좌에 앉아 그와 함께 천국에서 다스리며 기업을 누리게 하십니다(계 3:21 참고).

사실 이러한 보상은 '이기는 자'에게만 주어집니다. 그것은 평생의 싸움으로서, '혈과 육을 상대하는 것이 아니요 (이 세상의) 통치자들과 권세들과 이 어둠의 세상 주관자들과 하늘에 있는 악의 영들'(엡 6:12)과의 싸움입니다.

그러나 싸움이 아무리 치열할지라도 그것은 영원하지 않습니다. 오히려 그것은 매우 짧으며 실로 잠시 후면 끝날 싸움입니다. 뿐만 아니라 그것은 승리와 영광, 그리고 기쁨의 승전가와 함께 끝날 것입니다. 그런 다음에는 평화가 찾아올 것이며, 싸움에 지친 군사들이 평화로운 처소로 돌아올 것입니다.

"이제 조용한 평화의 행진이 시작된다.
가자 형제여, 집으로 돌아가자."

이것이 성도의 기쁨입니다. 그는 선한 싸움을 싸우고 달려갈 길을 마쳤으며 믿음을 지켰기에 그를 위해 의의 면류관이 예비되었습니다.[1] 전쟁이 끝났으므로 그에게는 집으로 가서 쉬는 일만 남았습니다. 그렇습니다. 집으로 가는 것입니다.

그렇다면 우리가 돌아가서 영원히 거할 집은 어떤 곳입니까? 그곳은 창세전에 예비되었고 거할 곳이 많으며, 창조의 중추에 위치하고 있으며 하나님의 보좌에서 가장 가까운 곳이며, 다시는 전쟁의 소리로 깨어지지 않을 영원한 평화가 있는 곳이며, 먹구름이 조금도 가리지 못할 찬란한 빛 가운데 있는 집입니다.

아버지 집, 영원한 안식처로 다가가고 있다는 사실은 싸움에 지친 영혼들에게 얼마나 큰 위로가 됩니까? 그곳은 더 이상 배고프지 않고 목마르지도 않으며 햇빛이나 어떤 빛도 필요하지 않는 곳, 보좌 가운데 계신 어린양이 우리를 먹이시고 생명의 강가로 인도하시는 곳, 하나님이 우리의 눈에서 모든 눈물을 영원히 씻어 주실 곳입니다.

이제 얼마 남지 않았습니다. 교회의 영적 전쟁이 끝나 가고 있습니다. 모든 수고와 슬픔이 끝나 가고 있습니다. 잠시 후면 조용히 안식하거나 구름 속으로 들려 올라가 주를 만날 것입니다. 몇 번의 이별만 지나면 땅 위에 흩어져 살았던 모든 하나님의 가족과 함께 영원히 형제로 살게 될 것입니다.

---

1. 딤후 4:7,8 나는 선한 싸움을 싸우고 나의 달려갈 길을 마치고 믿음을 지켰으니, 이제 후로는 나를 위하여 의의 면류관이 예비되었으므로 주 곧 의로우신 재판장이 그날에 내게 주실 것이며, 내게만 아니라 주의 나타나심을 사모하는 모든 자에게도니라.

해가 몇 번만 더 뜨고 지면 영원히 지지 않는 해가 힘차게 솟아오를 것입니다. 아침과 저녁이 몇 번만 더 지나면 영원한 낮의 빛이 비췰 것입니다. 먹구름이 몇 번만 더 지나가면 창공은 영원히 맑을 것입니다. 안식일이 몇 번 지나고 우리에게 주어진 날이 차면 영원한 안식이 시작될 것입니다.

아주 잠시 후에 우리는 '문들을 통하여 성에 들어가' 생명나무 그늘에 앉아 감추었던 만나를 먹고, 하나님과 어린양의 보좌로부터 나오는 수정같이 맑은 강물을 마실 것입니다. 또한 아주 잠시 후에 우리는 그분의 얼굴을 뵈옵고 그분의 이름을 이마에 새길 것입니다.

이것은 이 땅에서의 환난으로 인해 더욱 고조되고 확대될 영원한 결과의 일부입니다. 고난은 우리에게 지금 이 순간에 유익을 줄 뿐만 아니라 영원한 세계에서도 유익이 됩니다. 그때에는 우리가 얼마나 그것에 감사할는지요! 비록 지금은 이 모든 것이 우리를 위한 것임을 깨닫지 못하지만 그날에는 알게 될 것입니다.

우리에게는 '영광스러운 입성'과 찬란한 면류관, 흰옷, 평화로운 안식, 그리고 이 땅에서의 오랜 나그네 생활과 수많은 고난으로 인해 갑절로 소중하게 된 집이 기다리고 있습니다.

우리는 이러한 결과에 대해 맛만 보았을 뿐이며, 온전한 영광은 따로 예비되어 있습니다. 우리는 우리가 생각할 수 있는 가장 선하고 아름답고 복된 모든 것이 어느 날 실현될 것을 압니다.

모든 악에서 선이 나오며, 죄에서 거룩이 나오고, 어둠에서 빛이 나오며, 죽음에서 영생이 나오고, 약함에서 강함이 나오며, 시든 곳에서 꽃이 피고, 썩어 폐허가 된 곳에서 아름다움과 장엄함이 나오며, 저주에서 복이 나옵니다. 부활은, 뼈와 진토의 장소인 무덤이 곧 썩지 않고 죽지 않으며 쇠하지 않고 더럽히지 않는 곳이라는 진리를 보여 줄 것입니다.

그러나 지금 우리에게 주어진 것은 이러한 기업이 아니라 그것의 전조일 뿐입니다. 그것은 주가 나타나실 때까지 보존되어 있을 것이며, 이 땅에서는 거울로 보는 것같이 희미하게 볼 뿐입니다. 우리가 장차 어떻게 될 것인지에 대해서는 아직 나타나지 않았습니다. 우리는 다만 밤을 지나는 나그네요 방랑자이며, 이 땅에서는 한 번도 뜨지 않았으나 장차 '새 하늘'에서는 결코 지지 않을 해를 먼 산봉우리에서 바라보는 자입니다.

그것으로 충분합니다. 그것은 우리의 어둡고도 지친 삶의 여정에 위로와 힘을 줍니다. 비록 장차 우리가 갈 곳에서는 충분하지 않지만 여기에서는 그것만으로도 충분합니다. 가나안으로 들어가기까지는 광야가 필요하며, '거할 성읍'에 이를 때까지는 장막이 필요합니다. 눈으로 보는 즐거움을 누릴 때까지, '날이 저물고 그림자가 사라지기 전'(아 4:6)까지 믿음으로 바라는 기쁨을 누리는 것으로도 충분합니다.

황의무 목사는 한국외국어대학교 영어과를 졸업하고 한국은행에서 근무하다가 기독신학대학원대학에서 신학을 공부하였습니다. 그리고 한국은행을 퇴직한 후에 고려신학교를 졸업(M.Div)하고, 현재 상도교회(고신)에서 담임목사로 시무하고 있습니다. 역서로는 「그리스도인」, 「그리스도의 임재」, 「그리스도인의 성장」, 「내게로 오라」 등이 있습니다.

스코틀랜드 P&R 시리즈 5
고난을 주시는 하나님

지은이 | 호라티우스 보나르
옮긴이 | 황의무

펴낸곳 | 지평서원
펴낸이 | 박명규

펴낸날 | 2008년 9월 18일 초판
　　　　2016년 10월 4일 초판 3쇄

서울 강남구 선릉로107길 15 (역삼동) 지평빌딩 06144
☎ 538-9640,1　Fax. 538-9642
등 록 | 1978. 3. 22. 제 1-129

값 8,000원
ISBN　978-89-86681-75-8-94230
ISBN　978-89-86681-74-1(세트)

메일주소　jipyung@jpbook.kr
홈페이지　www.jpbook.kr
페이스북　www.facebook.com/jipyung
트 위 터　@_jipyung